AF573334

's Bescht usom Ländle

EVA FISCHER

Vorarlberger Küche

Altbewährte & neu interpretierte Rezepte

TYROLIA-VERLAG · INNSBRUCK-WIEN

VORWORT

Siebzehn Jahre war mein Arbeits- und Lebensmittelpunkt in Wien, während und nach dem Studium. Eine wunderbar intensive Zeit! Zwischendurch lockte aber immer auch das geliebte Ländle. So bin ich 2021 zurück nach Vorarlberg und in meine Heimatstadt Dornbirn gezogen. Das lebhafte Großstadttreiben möchte ich jetzt durch Nähe zur Natur, den Bergen, zum See ausgleichen, vielleicht einen festen Anker setzen. Leben und Arbeit vor anderer Kulisse.

Schon länger davor – ich war noch mitten drin in Wien – wurde ich von der Anfrage zu diesem Kochbuchprojekt überrascht. Unsicher und etwas skeptisch, überlegte ich, ob dieses Projekt etwas für mich wäre. Ein Grund dafür war, dass ich Zöliakie habe und somit eine ganze Reihe von Gerichten aus der traditionellen Vorarlberger Küche gar nicht essen darf; ein anderer, mein persönliches Konzept: neue, ausgefallene und moderne Rezepte zu kreieren.

Ich war gerade dabei, meine Umzugskisten für Vorarlberg zu packen, als ein erneuter Anruf vom Verlag kam, ob ich mir die Umsetzung des Buchprojektes „Vorarlberger Küche" noch einmal überlegt hätte. Es schien nun doch der richtige Zeitpunkt gekommen. Ich sah es vor allem als Chance, mich näher mit meiner Kultur und Herkunft auseinanderzusetzen. Die Vorstellung, mit meiner Oma, meiner Mama und Vorarlberger Alteingesessenen in traditionellen Vorarlberger Gerichten und Geschichten zu schwelgen, motivierte mich und ließ meine Ländle-Vorfreude steigen. Zudem kamen schöne Kindheitserinnerungen hoch: der Riebel bei Oma (manchmal mit Milchkaffee), die Gerstensuppe, die ich damals noch essen durfte (Gerste ist nicht glutenfrei), Mamas Hackbroto (Hackbraten) und Großtante Lisis herrliche Öpfol- (Apfel-) oder Funkoküachle.

Das Essen ist ein Teil unserer Kultur und sagt viel über die jeweilige Lebensweise aus. Man kennt die österreichische oder deutsche Esskultur – die eher schwer und kalorienreich ist. Wir schätzen die wunderbare italienische Küche oder haben wie ich mit der indonesischen Kochkunst, mit Fisch und Meeresfrüchten, der spanischen oder mexikanischen, mit Fajitas, Burritos & Co, schon Freundschaft geschlossen. Was und wie wir essen, verändert sich genauso wie andere kulturelle Gewohnheiten. Und gerade die Esskultur erfindet sich mit ihren Trends auch immer wieder neu. Diese Trends und deren Werdegang versuche ich generell zu kommunizieren. Ich will meine Erkenntnisse mit anderen teilen. Deshalb finden sich in diesem Buch auch Neuinterpretationen bei der Verwendung von typischen Vorarlberger Zutaten, etwa von Töorgomehl (türkisches Korn, Mais) für Riebelwaffeln, oder abgewandelte Speisen, wie z. B. Schweinsbraten mit Hafoloab und Sura Räba – nicht als Tellergericht, sondern als Burger.

Von manchen Rezepten und Zubereitungsarten hatte ich bis dato noch nie gehört; weil sie zu Hause nicht üblich waren, ich zu jung bin oder so einige Rezepte aus der Vorarlberger Küche regionsbezogen sind, wie z. B. das Schwozarmuos, das vor allem im Bregenzerwald bekannt ist. Auch Biorakratzat und Ofenkatz waren mir neu. Meist habe ich mich für eine glutenfreie Variante entschieden, wobei ich das herkömmliche Mehl durch ein glutenfreies ersetzt habe. Dabei wurde ich selbst überrascht, wie gut traditionelle Speisen schmecken und wie sehr ich viele davon vermisst hatte. Bei den Suppen habe ich die typischen ein bis zwei Esslöffel Mehl zum Binden einfach weggelassen, weil es sie gar nicht braucht. Ansonsten funktioniert es einfach mit Maisstärke.

Essen ist so vielfältig, individuell und auf jeden Geschmack abstimmbar, wie Mode oder Einrichtungsstil. Es sagt einiges über den Charakter und die Vorlieben des Menschen aus. Es beeinflusst unsere Gesundheit, weshalb eine ausgewogene Ernährung so wichtig ist. Essen ist ein sehr sinnlicher Vorgang, dem man seine Zeit und ganze Aufmerksamkeit widmen sollte.

Ich koche gern. Aber noch lieber esse ich. Dabei kommt es ebenso auf das gelungene Zubereiten wie auf das appetitliche Anrichten an. Denn, wie das alte Sprichwort schon sagt: Das Auge isst mit. Dementsprechend wichtig sind für mich die schönen Bilder – im Buch und auf dem Teller.

Dieses Kochbuch soll inspirieren und ein Stück Vorarlberger Esskulturgeschichte vermitteln. Es enthält altbewährte Rezepte, die zum Neu- oder Wiederentdecken einladen. Auf etwas andere Weise zubereitet, sind sie zeitgemäße Klassiker, die auch in der modernen Küche ihren genussvollen Platz haben werden.

Viel Freude beim Blättern, Probieren und Genießen.

Eva Fischer

KLEINE EINFÜHRUNG INS VORARLBERGER KOCHBUCH

VON LISA FISCHER

Meine Recherche zum früheren Vorarlberger Leben, zu Küche und Kochen förderte viel und Interessantes zutage. Zu viel für ein kurzes Vorwort. Eine zu große Menge an Zutaten, Geschichte und Geschichten. Aber irgendwo muss man ja anfangen. Am besten bei der „Landesgründung" vor ziemlich genau 160 Jahren: Als eigenes Land im Gefüge der Habsburgermonarchie wurde Vorarlberg nämlich erst 1860 anerkannt, im folgenden Jahr gestand ihm Kaiser Franz Joseph I. einen Landtag zu. So entwickelten sich Identität und Landesbewusstsein und die „Entdeckung des Alemannischen" als ethnische Komponente erst im Verlauf des 19. Jahrhunderts. Damit wollte man sich ausdrücklich gegen Tirol abgrenzen, mit dem man verwaltungsmäßig verbunden war.

Lage und Geschichte sind überall ausschlaggebend für die Entwicklung eines Landes. Das gilt natürlich auch für das westlichste Bundesland Österreichs, Vorarlberg, das an Tirol, Bayern, Liechtenstein und die Schweiz grenzt. Das „Ländle" erstreckt sich vom teilweise vergletscherten Silvretta-Massiv im Süden zum Bodensee im Norden. Im Osten liegen das Arlberggebiet mit den Skiorten Lech und Zürs und der Tannberg. Den Norden und Westen teilen sich der idyllische Bregenzerwald und das dicht besiedelte Rheintal. Das einst von Kelten und Rätern bewohnte Gebiet zwischen Alpen und Bodensee gelangte um 15 v. Chr. unter römischen, später unter alemannischen Einfluss, der bis heute nicht nur in der typisch alemannischen Mundart nachwirkt. Unterschiedliche Landschaftsformen, vom Bodensee über die Voralpen bis ins Hochgebirge, bringen Vielfalt und Schönheit, lassen im buchstäblichen und übertragenen Sinn über die Grenzen schauen.

Man pflegt gute Nachbarschaft zu den ebenfalls alemannisch geprägten Ostschweizern und Deutschen (Bayern und Baden-Württemberg), pocht aber auf die eigene, einzigartige Mentalität. Ganz wichtig beim Essen, Wohnen, Arbeiten und bei den Traditionen – Tracht, Festtage, Musik, Bräuche.

Mit dem Alemannischen sind Narrative wie Fleiß, Sparsamkeit, Schaffenskraft, Eigenständigkeit und Freiheitsliebe verbunden. Dafür gibt es zahlreiche Belege, und die abwechslungsreiche und erfolgreiche Entwicklung des Landes könnte diese Merkmale untermauern. „Kriechende Unterwürfigkeit gegen Vornehme und Reiche blieben ihm unbekannt, weil Adel und Geistlichkeit keinen Einfluss auf die Landesangelegenheiten hatte", berichtet der Bregenzer Geschichtsforscher Franz Joseph Weizenegger (1784–1822) über den Vorarlberger. Danach hinge der Charakter eines Volkes besonders von seiner Lebensweise ab. Alpwirtschaft, Landbau und Holzarbeit waren einst die Beschäftigung aller Einwohner und Quelle des Unterhalts. Für den Hausbedarf – Kleidungsstoffe aus Hanf, Flachs und einheimischer Schafwolle – wurde vor allem auf dem Land gesponnen und gewoben. „Strenge Arbeit in der Woche, ungekünstelte Speisen, einfaches und seltenes Vergnügen an Sonn- und Festtagen", umreißt es Weizenegger, waren bedürfnisbestimmt und im Sinne von „Bete und arbeite!" moralischer Leitfaden. Die Essgewohnheiten orientierten sich ebenso am Verfügbaren wie am kirchlichen Jahr. Die gewöhnlichen Speisen bestanden in Türkenbrei (türkisches Korn resp. Mais), Hafermus (Haber), gerollter Gerste mit Bohnen der Fisole, Gartengemüse, frischem oder getrocknetem Obst. Der Mais verdrängte später den Hafer und vielfach stieg man an Stelle von Haferkost auf die Kartoffel um. Frisch genossen wurde nur, was sich nicht aufbewahren ließ. Fleisch aßen die Bauern höchstens an Sonn- und Feiertagen. Geräuchertes (Diegenes) kam zur Faschings- und Kirchweihzeit auf den Tisch.

Eine ganze Reihe an Essenssitten und Kochrezepten führt Volkskundler Karl Ilg (1913–2000) im Kapitel „Volkstümliche Nahrungsweise" seiner Landes- und Volkskunde aus. Demnach sieht der Vorarlberger Alltag bis zu fünf Mahlzeiten vor. Speziell in bäuerlichen Betrieben und in den anstrengenden Sommermonaten. Eine fünfte Mahlzeit war auch in den Arbeiter- und Bürgerfamilien nur den körperlich hart arbeitenden Männern vorbehalten. Was heute als Jause oder Snack gilt, war damals eine wichtige Zwischenmahlzeit und heißt noch heute und je nach Region „brionda, marenda, Brendessa, z'Nüni-, z'Viereesso". Die jeweiligen Bezeichnungen haben ihren sprachlichen Ursprung in historischer Besiedlung, demnach in romanischen, lateinischen, deutschen, mittelalterlich-klösterlichen Einflüssen (Vesperbrot) oder in der Tageszeit.

Mitte des 19. Jahrhunderts entwickelte sich die industrielle Tätigkeit in Vorarlberg – besonders die Textilwirtschaft – hervorragend. Sie hatte ihren Sitz wie die größeren Gewerbe ausschließlich im Rheintal und im vorderen Walgau, wo es aber auch am meisten Acker-, Wein- und Obstbau gab. In den 1870er-Jahren wird berichtet, dass vor allem große Mengen an Holz, Molkerei-Produkten und Vieh sowie Obst exportiert wurden. Gleichzeitig bedurfte es auch umfangreicher Importe: „Der grösste Theil des Bedarfes an Cerealien, Wein, Luxus- und Modewaaren wird importirt, Maschinen, industrielle Rohstoffe, Droguen und Colonialwaaren durchgehends aus dem Auslande bezogen. Im Jahre 1874 (für inländischen Consum) circa 33.000 österr. Eimer Wein, 178.480 niederösterreichische Metzen Getreide, 80.120 n. M. Hafer, 4250 n. M. türkisches Korn (Mais) ..."

Bei Karl Ilg wird die frühere volkstümliche Alltagskost wie folgt charakterisiert: aus der Breiherstellung weiterentwickelte Pfannengerichte, starker Käseverbrauch, dagegen wenig Fleisch und Brot. Beim Käse handelte es sich meist nur um zwei Sorten, den Sura Käs aus dem Montafon und südlichen Vorarlberg sowie um den räßen, halbfetten Käse. Dieser war kein hochwertiges Produkt der Alpsennerei. Die besseren Fettkäseerzeugnisse sowie Butter kamen in den Export. Kein Vergleich zur heutigen Vielfalt an feinsten Sorten aus Kuh-, Ziegen- oder Schafmilch!

Je nach Region und im Laufe der Zeit entwickelten sich die Essensgewohnheiten unterschiedlich. Bei Wohlhabenden und an Feiertagen wurde öfter Fleisch aufgetischt. Braten, Geflügel und Wild. Deutlich zu kurz kommt der Fisch. Obgleich dieser prächtig gedieh und verzehrt wurde, fehlen Rezepte. Eine Statistik um 1870 belegt: „Im Bodensee wird die Fischerei lebhaft betrieben, im Rhein, der Ill und der Ach fängt man den Lachs und die Lachsforelle in ziemlicher Menge, in den meisten Gebirgsbächen kömmt auch die Bachforelle vor und wird häufig gefangen."

'S ORIGINAL

Nicht nur beim heimischen Essen pocht man auf lokal- und „Ländle"-typische Eigenheiten, nämlich aufs Vorarlberger Original. Das variiert oft stark vom Bregenzerwald zum Montafon, vom Walgau bis zum Rheintal. So manches gibt's z. B. nur in Lustenau („Käsdönnala" = Käsefladen) oder wurde in einer bestimmten Ortschaft erfunden. Gleiches gilt für die Mundart und Mentalität. Sie ändern sich nuanciert oder subjektiv deutlich auf wenigen Kilometern; oft von einer Gemeinde oder Talschaft zur andern. Und sei's nur den jeweiligen Einwohnern gewiss, steht fest: „Wäldar ka nüd jedar sin" (Bregenzerwälder kann nicht jeder sein). Das würde sich auch keine Montafonerin, kein Dornbirner oder sonst wer je anmaßen. Aber schließlich wird nichts so heiß gegessen wie gekocht. Trotz tiefgründiger Fragen zur Kulinarik: Ob unser Riebel oder der Ribel im Schweizer Rheintal der Echte ist? Ob Unterländer Käsknöpfle oder womöglich Montafoner, schwäbische oder Tiroler Käsespätzle das Original sind?

Die in diesem Kochbuch aufgeführten Rezepte geben das Vorarlberg-Typische weiter. Was früher aus den Rohstoffen der Milchwirtschaft, des Ackerbaus oder der Viehzucht bestand. Was die nötige Energie für den arbeitsreichen Alltag vom Kind bis zum Greis lieferte. Ganz im Original würde uns wohl vieles nicht schmecken. Damals war zwar alles bio, aber mangels heutiger Technik der Hygiene, Kühlung, Verarbeitung oder der Lagerung schnell verderblich. Geplantes Kochen und frische Zubereitung waren weitaus schwieriger. In den letzten fünfzig Jahren sind unser Lebensstandard und unser Qualitätsbewusstsein enorm gestiegen. Frische ist Prinzip, man setzt aufs Geschmackserlebnis. So fußen die neuen Rezepte zwar auf den überlieferten, werden aber zeitgemäß und qualitätvoll variiert. Das schafft eine kreative und spannende Verbindung zur Tradition. Damit wird aus einfachem Essen von damals ein Küchenschatz fürs Heute.

A BIZZLE ÜBER DO VORARLBERGER DIALEKT!

(EIN BISSCHEN ÜBER DEN VORARLBERGER DIALEKT!)

Mit seinen vielen unterschiedlichen Ortsmundarten - besonders im Vorarlberger Unterland - gehört Vorarlberg sicherlich zu den interessantesten Mundartlandschaften im alemannischen Raum. Einzigartig klingt nicht nur der Dialekt von Lustenau, wie jedermann im Lande weiß, sondern auch jener von Götzis, Hohenems, Höchst, Gaißau, den Hofsteiggemeinden (Schwarzach, Lauterach, Wolfurt) und natürlich auch jener von Dornbirn. Darüber hinaus hat jede Talschaft ihre sprachlichen Eigenheiten.

Eigentlich ist Mundart, ist Dialekt gesprochenes Wort. Die Überlieferung erfolgt über Sprechen und Hören. Trotzdem hat man immer wieder versucht, sie schriftlich festzuhalten, wiewohl dies eine schwierige Angelegenheit ist, denn unsere Mundarten haben eine ungleich größere Zahl an Lautungen als die Schriftsprache. Die in diesem Kochbuch vorwiegend verwendete Dornbirner Mundart gehört zu den lautlich kompliziertesten Dialekten Vorarlbergs. Die 26 Zeichen der Schriftsprache weichen somit lautlich häufig vom gesprochenen Wort ab und sind deshalb schwer zu lesen. Mit ein und demselben Zeichen werden oft unterschiedlichste Klangfarben wiedergegeben, sodass die richtige Aussprache nur dem geläufig ist, der auch Dornbirnerisch spricht.

Zudem hat sich der Wortschatz in den vergangenen Jahrzehnten deutlich geändert: Viele Begriffe gingen verloren, neue Bezeichnungen oder Bedeutungen wurden modern. Mundart lebt und entwickelt sich weiter. Die Medien führen zu einer Verflachung der Unterschiede zwischen Schriftsprache und Dialekt, aus dem „Gsiberger“ (mior siond ufom Bödele gsi) wird ein „Warberger“ (mir waren ufom Bödele).

Dennoch: Es wird noch lange dauern, bis man sagen können wird, es gäbe in Dornbirn und darüber hinaus keine Mundart mehr. Derartige Klagen setzten schon in der Mitte des 19. Jahrhunderts ein. Diese Vermutungen sind schon deshalb unbegründet, weil gerade die Sprachentwicklung Wege geht, die keiner voraussagen kann.

Händor alls vrstando odr gitas no Froga?

BEISPIELE AUS DEM VORARLBERGERISCHEN

(ANGELEHNT AN DIE DORNBIRNER MUNDART)

KULINARISCHES

An Guata!	beim Essen: Mahlzeit; Guten Appetit!
an Duranand	ein Durcheinander
Bachenes	Gebackenes
Bomeranscha	Orangen
Bosniak	Roggenbrötchen
Brösel	bröseliges Koch
Brockkat	hineingebrocktes Brot, Brotschmarren
Milk und Bröckle	Milch mit hineingebrocktem (alten) Brot
Brotos	Gebratenes
Bura	Bauern
Diegenes	Selchfleisch
Easso	Essen
s'Easso ischt ghörig	das Essen ist gut
Öpfolbutzger	Apfelkerngehäuse
Festesso	Festessen, genug und gut zu essen
Flädle(-suppo)	Pfannkuchen, Frittaten(-suppe)
Fleischpölsterle, - löable	Fleischlaibchen
Grümperle/Grumpora	kleine Kartoffeln, Kartoffeln (von Grundbeeren)
Gsottos	Gekochtes
Guatele, Krömle	süße Kleinigkeiten (Gebäck)
Guggummero	Gurke
gwalate	ausgewalkte, ausgerollte
Heardöpfol	Herdäpfel, Erdäpfel, Kartoffeln
Hennele	Hühnchen
Hepf	Hefe
Husmittele	Hausmittel
Igmachts	Eingemachtes
Innareia	Innereien
Kratzat	Schmarren
Loabate	übrig gebliebenes Essen
Öpfol und Biora	Äpfel und Birnen
Schlotzer	Lutscher
Schübling	Knackwurst
Töorgo	Mais
Töpfle	kleiner Topf
Wibeerle	Weinbeeren, Rosinen
Zitzele, Krenwürstle	Frankfurter oder Wiener Würstchen

ALLTÄGLICHES

a bizz	ein bisschen
a bizz(e)le	noch weniger als „a bizz“
a kläle	ein bisschen
allpot	ab und zu, immer wieder
amächelig	appetitlich; „des macht mi a“ (darauf habe ich Lust)
an ghöriga Kohldampf	Heißhunger
as reangat	es regnet
Bibile	kleines Huhn, Kücken
Busla	Kühe
dahuo, dahoam	daheim
Dunklmüsla	im Dunkeln „herumtun“
dussa odr dionna	draußen oder drinnen
Featza	Fetzen oder starker Rausch
furig	sättigend
ghörig (körig)	Ausdruck für gut, richtig, anständig („an ghöriga Ma“)
Gfrett	Ärger, Unannehmlichkeit
Gschpano	Spielkamerad, Freund
Gschiss	übermäßiges Theater
Guttora	Flasche oder auch Schimpfwort für eine Frau
Häß	Kleidung
Hock ane!	Setz dich doch (zu uns)!
Händs frei!	Habt eine angenehme Zeit!
hofele tuo	vorsichtig agieren
hura Kog	besonders mieser Kerl
Kog	Kerl (abwertend gemeint)
Krottohegol	Taschenmesser
Lägola; Bschütte	Jauche
Lusar	Lauser, Spitzbub
Kaffeebeckele	Kaffeetasse
Mutz, Mützle	Kuss, Küsschen
Moatle	Mädchen
Moll back!	Ausruf des Erstaunens
nid lugg lo	nicht nachlassen; nicht aufgeben!
nid lumpa lo	großzügig sein
nünt für uguat	nichts für ungut
Pfluttora	behäbige Frau
rüabig si	ruhig sein
schaffa, husa	arbeiten, haushalten
Schoß	Schürze
Soachtäscho	Teenager oder Schimpfwort für freche Mädchen
Sparglamentor macha	Aufwand betreiben, Blödsinn machen
wia goht's	Wie geht es dir?
wellaweag	sowieso, natürlich, selbstverständlich

z'NÜNE

„z'Nüne" wird in Vorarlberg die morgendliche Zwischenmahlzeit genannt oder die zu dieser Zeit eingenommene Jause. Wortwörtlich bedeutet „z'Nüne", „zu neun Uhr" und ist von der Zahl Neun abgeleitet, da die Pause meistens gegen neun Uhr gemacht wird. Auch wenn die Pause etwas später gemacht wird, sagen die Vorarlberger trotzdem „z'Nüne".

Meist wird um „z'Nüne" nur etwas Kleines zu sich genommen, manchmal auch nur ein Kaffee mit Rahm (Schlagobers) und Zucker oder klassischerweise eine Leberkäs-Semmel. Ein Butterbrot, Käse, Wurst und Äpfel sind ebenfalls beliebte z'Nüne-Speisen. Die nachmittägliche Jause heißt „z'Viere" oder „Marend".

Süpple & Salöt

(SUPPEN & SALATE)

BREAGENZAR FISCHSUPPO
(BREGENZER FISCHSUPPE)

Für 4 Personen

ZUTATEN:

500 g	gemischte Fischfilets vom Bodensee wie Felche, Forelle, Zander
750 ml	Fischfond oder Fischsuppe
200 ml	Weißwein
einige	Safranfäden
6–8 Stk.	Cocktailtomaten
1	Stangensellerie nach Belieben
2–3	Scheiben Weißbrot
	Butter zum Anrösten
2 Zweige	Thymian
	Salz
	Schwarzer Pfeffer
1 EL	gehackter Kerbel oder Petersilie

ZUBEREITUNGSZEIT UND SERVIERFERTIG:
25 Minuten

Fische filetieren und in mundgerechte Stücke schneiden. Fischfond oder Fischsuppe mit Weißwein und Safranfäden aufkochen.

Cocktailtomaten kurz mit siedendem Wasser überbrühen und schälen. Stangensellerie in feine Scheiben schneiden.

Weißbrot in Würfel schneiden. Butter in einer Pfanne zergehen lassen und Weißbrot darin mit Thymian knusprig rösten, salzen.

Fischstücke in die Suppe geben, Hitze reduzieren und maximal 10 Minuten mitkochen.

Kurz vor dem Servieren Tomaten und Sellerie zur Suppe geben. Suppe nach Belieben mit Salz und Pfeffer abschmecken. Suppe anrichten und mit Brot-Croûtons und frisch gehacktem Kerbel oder Petersilie garniert servieren.

TIPP:
ICH VERWENDE AUCH GERNE LACHSFORELLE FÜR DIE FISCHSUPPE.

BREAGENZAR-WÄLDAR KÄSSUPPO
(BREGENZERWÄLDER KÄSESUPPE)

Für 4 Personen

FÜR DIE SUPPE:

1	Zwiebel
1 EL	Butter
50 ml	Weißwein
1 Liter	Rinds- oder Gemüsesuppe
150–200 g	Bregenzerwälder Bergkäse, gerieben
250 ml	Schlagobers
	Salz
	Pfeffer
1 Msp.	Muskatnuss
	Brot-Croûtons (siehe Rezept S. 181)

SONSTIGES:

8 Scheiben	Frühstücksspeck
8 Stk.	Bergkäsewürfel (2 x 2 cm)
	frischer Schnittlauch
etwas	Safran

ZUBEREITUNGSZEIT UND SERVIERFERTIG:
25 Minuten

Zwiebel schälen und fein schneiden. Butter in einer Pfanne erhitzen und Zwiebel darin glasig dünsten. Zwiebel mit Weißwein ablöschen. Nach und nach Rinds- oder Gemüsesuppe einrühren, kurz aufkochen und bei schwacher Hitze ca. 5 Minuten köcheln lassen.

Käse und Schlagobers in die Suppe rühren und erneut aufkochen lassen. Suppe mit Salz, Pfeffer und Muskatnuss abschmecken.

Bergkäsewürfel in Frühstücksspeck wickeln und zu der Suppe servieren. Suppe mit Croûtons, frischem Schnittlauch und Safran garniert servieren.

GLUTENFREIE VARIANTE:
DIE CROÛTONS WEGLASSEN.

BROTSUPPO
(BROTSUPPE)

Für 4 Personen

ZUTATEN:

4–6 Scheiben	Schwarzbrotreste
1	Zwiebel
1	Knoblauchzehe
2	mittelgroße Gelbe Rüben
⅓ Bund	Liebstöckel oder Petersilie (oder beides)
2 EL	Butter
1 Liter	Rindssuppe
1	Ei
	Salz
	Pfeffer

ZUBEREITUNGSZEIT UND SERVIERFERTIG:
25 Minuten

Schwarzbrotreste blättrig schneiden. Zwiebel und Knoblauchzehe schälen und beides fein schneiden. Gelbe Rüben schälen und in kleine Würfel schneiden. Liebstöckel oder Petersilie waschen, trockenschütteln, Blätter abzupfen und fein hacken.

Die Hälfte der Butter in einem Topf zergehen lassen und Zwiebel und Knoblauch darin rösten. Schwarzbrot (ein wenig für später auf die Seite geben) und Gelbe Rüben hinzugeben und ca. 4–5 Minuten unter Rühren anbraten.

Das Ganze mit Rindssuppe aufgießen und 2/3 des Liebstöckels oder der Petersilie hinzugeben. Das Ei verquirlen und unterrühren. Suppe mit Salz und Pfeffer würzen und das Ganze kurz einköcheln lassen.

Restliche Butter in einer Pfanne erhitzen und restliches Brot darin knusprig braten und salzen.

Suppe in Suppentellern anrichten und mit den Brot-Croûtons, dem restlichen Liebstöckel bzw. der Petersilie garniert servieren.

FLÄDLESUPPO
(FRITTATENSUPPE)

Für 4 Personen

ZUTATEN:

2	Eier
75 g	Weizenmehl
	Salz
125 ml	Milch
1–2 EL	Butterschmalz
1 Liter	Rinds- oder Gemüsebrühe
½ TL	Majoran
	frischer Schnittlauch

ZUBEREITUNGSZEIT UND SERVIERFERTIG:
20 Minuten

Für den Flädleteig Eier verquirlen und Mehl, Salz und Milch nach und nach abwechselnd daruntermischen.

Butterschmalz in einer Pfanne zergehen lassen. Sobald die Pfanne heiß ist, einen Schöpfer Teig in der Pfanne verteilen, so dass der Boden der Pfanne bedeckt ist. Sobald kleine Bläschen an der Oberfläche entstehen und der Rand leicht bräunlich und kross ist, Palatschinke (Pfannkuchen) mit einem Pfannenwender einmal wenden. Sobald sie auf der anderen Seite auch leicht bräunlich ist, aus der Pfanne nehmen und zwischenzeitlich auf die Seite stellen. Mit dem restlichen Teig den Vorgang wiederholen und Omeletten aufeinanderstapeln.

Schnittlauch waschen, trockenschütteln und in feine Ringe schneiden. Suppe zum Kochen bringen.

Aufeinandergelegte Omeletten aufrollen und in ca. 1/2 cm breite Streifen schneiden. Die eingerollten Streifen, also die Flädle, mit der Suppe und dem frischen Schnittlauch garniert servieren.

GERSTOSUPPO

(GERSTENSUPPE)

Für 4 Personen

ZUTATEN:

1	Zwiebel
½	Lauchstange
1 große	Karotte (ca. 100 g)
1	Kartoffel (ca. 100 g)
¼	einer kleinen Sellerieknolle (ca. 50 g)
100 g	Geselchtes
2 EL	Butter
100 g	Rollgerste
2 Liter	Rindssuppe
	Salz
	Pfeffer
1 Msp.	Muskatnuss
1	Lorbeerblatt
⅓	Bund Petersilie

ZUBEREITUNGSZEIT:
30 Minuten

SERVIERFERTIG:
2 Stunden

Zwiebel schälen und fein schneiden. Lauch waschen, längs halbieren und in feine Halbstreifen schneiden. Karotte und Kartoffel waschen, schälen und beides klein würfeln. Sellerieknolle waschen, schälen und ebenfalls in kleine Würfel schneiden. Geselchtes in Würfel schneiden.

Butter in einem Topf zergehen lassen. Zwiebel und 2/3 des Lauchs (Rest für die Deko auf die Seite geben) darin anschwitzen. Karotten-, Kartoffel- und Selleriewürfel hinzugeben und ca. 3 Minuten anbraten. Rollgerste hinzugeben und weitere 2 Minuten anrösten.
Nun das Ganze mit Rindssuppe aufgießen.

Geselchtes hinzugeben und mit Salz und Pfeffer sowie Muskatnuss abschmecken. Lorbeerblatt in die Suppe geben. Das Ganze bei geringer Hitze ca. 1 1/2 Stunden köcheln lassen.

Petersilie waschen, trockenschütteln und Blätter fein hacken. Lorbeerblatt vor dem Servieren aus der Suppe nehmen.

Suppe in Schüsseln anrichten und mit dem restlichen Lauch und der gehackten Petersilie garniert servieren.

GLUTENFREIE VARIANTE:
FÜR EINE GLUTENFREIE VARIANTE (IN DEM FALL NATÜRLICH KEINE GERSTENSUPPE MEHR), KANN MAN ANSTATT ROLLGERSTE EVTL. HIRSE ODER BUCHWEIZENKÖRNER VERWENDEN.

SERVIERTIPP:
FÜR EINE VEGETARISCHE VARIANTE KANN MAN STATT SPECK GEKOCHTE MARONI VERWENDEN (DIESE KLEIN SCHNEIDEN UND EBENFALLS WIE DEN SPECK MIT ANBRATEN) UND GEMÜSE- ANSTATT RINDSSUPPE.

KRUTSUPPO
(KRAUTSUPPE)

Für 4 Personen

ZUTATEN:

1	Zwiebel
300 g	Weißkraut
2	Kartoffeln
1–2 EL	Butterschmalz
1 TL	Zucker
	Salz
½ TL	Kümmelsamen
700 ml	Wasser
1 Scheibe	Schwarzbrot
1	Knoblauchzehe
1 EL	Butter
½ Bund	Petersilie
2	Wienerle (Frankfurter) nach Belieben

ZUBEREITUNGSZEIT UND SERVIERFERTIG:
35 Minuten

Zwiebel schälen und grob würfeln. Kraut in feine Streifen schneiden. Kartoffeln schälen und in kleine Würfel schneiden.

Butterschmalz in einem Topf zergehen lassen und Zwiebel darin anschwitzen. Zucker hinzugeben und leicht karamellisieren lassen. Kraut hinzufügen, kurz mitbraten und durchrühren. Mit Salz und Kümmel würzen. Nun Kartoffelwürfel hinzugeben und das Ganze mit 700 ml Wasser aufgießen. Suppe so lange kochen, bis die Kartoffeln weich sind (ca. 15–20 Minuten).

Für die Brot-Croûtons Brotscheibe in Würfel schneiden. Knoblauchzehe schälen und eine Pfanne damit einreiben. Butter in der Pfanne zergehen lassen und Brotwürfel darin rundum knusprig anbraten. Anschließend salzen.

Petersilie waschen, trockenschütteln und Blätter fein hacken. Wienerle (Frankfurter) nach Belieben in feine Ringe schneiden und unter die Suppe mischen. Kurz darin erwärmen. Suppe auf Tellern anrichten und mit Brot-Croûtons garniert servieren.

MOSTSUPPO
(MOSTSUPPE)

Für 4 Personen

ZUTATEN:

1	Zwiebel
1	Knoblauchzehe
30 g	Selchspeck
1	Karotte
1	Kartoffel, mehlig
½	Lauchstange
1	Selleriestange
2 EL	Butter
250 ml	Most, vergärt
750 ml	Wasser
	Salz
	Schwarzer Pfeffer
1 Prise	Muskatnuss
etwas	Schlagobers
etwas	Thymian
	Brot-Croûtons (siehe Rezept S. 181)

ZUBEREITUNGSZEIT:
30 Minuten

SERVIERFERTIG:
40–45 Minuten

Zwiebel und Knoblauchzehe schälen und beides fein schneiden. Speck in Würfel schneiden. Karotte und Kartoffel schälen und beides fein würfeln. Lauchstange und Selleriestange fein schneiden.

Butter in einem Topf erhitzen und Zwiebel darin anschwitzen. Speck und Knoblauch hinzugeben und kurz mitrösten. Das Ganze mit Most und Wasser ablöschen.

Gemüse hinzugeben und in der Suppe langsam bei mittlerer Hitze weichkochen. Mit Salz, Pfeffer und Muskatnuss abschmecken.

Suppe in Suppentellern anrichten, mit etwas Schlagobers, Thymian, Schwarzem Pfeffer und Brot-Croûtons garniert servieren.

TIPP:
FÜR DIE VEGETARISCHE VARIANTE DEN SELCHSPECK WEGLASSEN.

GLUTENFREIE VARIANTE:
DIE CROÛTONS WEGLASSEN

WALSER KÄSSUPPO
(WALSER KÄSESUPPE)

Für 4 Personen

ZUTATEN:

150 g	Schmelzkäse
1 Liter	Rindssuppe (oder Gemüsesuppe)
1–2	Dotter
125 ml	Schlagobers
	Salz
	Pfeffer
	frischer Schnittlauch
	Brot-Croûtons (siehe Rezept S. 181)

ZUBEREITUNGSZEIT UND SERVIERFERTIG:
20 Minuten

Schmelzkäse in Flöckchen schneiden und in die kochende Rinds- oder Gemüsesuppe geben. Ein paar Minuten ziehen lassen, anschließend mit dem Schneebesen kräftig durchschlagen.

Dotter und Schlagobers verrühren und Suppe damit binden. Nun nicht mehr aufkochen lassen. Mit Salz und Pfeffer würzen. Mit frischem Schnittlauch bestreut anrichten und mit Brot-Croûtons servieren.

GLUTENFREIE VARIANTE:
DIE CROÛTONS WEGLASSEN.

BRENNSUPPO
(EINBRENNSUPPE)

Für 4 Personen

ZUTATEN:

ca. 600 g	Kartoffeln, festkochend
80 g	Butter
4–6 EL	Mehl (wahlweise Weizen-, Mais-, oder Hafermehl)
	Salz
1 Msp.	Muskatnuss, gerieben
½ TL	Kümmelsamen

ZUBEREITUNGSZEIT:
20 Minuten

SERVIERFERTIG:
30 Minuten

Mein Opa schwor auf diese Suppe, vor allem dann, wenn er einen flauen Magen hatte. Eine sehr einfache und wohltuende Suppe. Eigentlich ein Arme-Leute-Essen. Früher war die Einbrennsuppe auch ein traditionelles Gericht in der Fastenzeit.

Leicht gesalzenes Wasser für die Kartoffeln zum Kochen bringen. Kartoffeln waschen und im kochenden Wasser ca. 30 Minuten weichkochen.

Butter in einer Pfanne erhitzen und Mehl darin nicht zu dunkel rösten. Das Ganze mit 1,25 Liter Wasser aufgießen und gut verrühren, damit keine Klümpchen entstehen. Mit Salz, Muskatnuss und etwas Kümmel würzen und aufkochen lassen.

Kartoffeln abgießen, schälen und salzen. Suppe in Suppentellern anrichten und Salzkartoffeln dazu servieren.

MEIN TIPP:

ICH VERWENDE FÜR DIE SUPPE MAISMEHL UND GEBE NACH DEM WASSER AUFGIESSEN GESCHÄLTE SÜSSKARTOFFELWÜRFEL HINZU. WEITER KOCHEN, BIS DIE SÜSSKARTOFFELN WEICH SIND UND ANSCHLIESSEND DIE SUPPE MIT FRÜHLINGSZWIEBELN GARNIERT SERVIEREN.

TÖORGOSUPPO
(MAISSUPPE)

Für 4 Personen

ZUTATEN:

1	Zwiebel
1	Knoblauchzehe
½	Lauchstange
1	große Karotte
1 EL	Butterschmalz
6 EL	Maisgrieß
2 l	Gemüse- oder Rindssuppe
	Salz
	Pfeffer
1 Msp.	Muskatnuss, gerieben
ca. 120 ml	Schlagobers
4 EL	Popcorn

GLUTENFREI

ZUBEREITUNGSZEIT UND SERVIERFERTIG:
25 Minuten

Zwiebel und Knoblauchzehe schälen und beides fein schneiden. Lauch waschen und ebenfalls fein schneiden. Karotte waschen, schälen und fein raspeln.

Butterschmalz in einem Topf erhitzen und Zwiebel, Karotte und Lauch darin hellgelb rösten. Nun Maisgrieß hinzugeben und kurz mitrösten.

Das Ganze mit Suppe aufgießen, mit Salz, Pfeffer und Muskatnuss würzen und langsam kochen lassen, bis der Maisgrieß gequollen ist.

Schlagobers hinzugeben, Suppe kurz aufkochen lassen und anschließend pürieren.

Suppe in Schüsseln oder Suppentellern anrichten und mit Popcorn (fertige oder mit Maiskörnern selbstgemachte) sowie frisch gemahlenem Pfeffer garniert servieren.

ÖPFOL-SELLERIE-ROHKOST-SALOT USOM LÄNDLE

(APFEL-SELLERIE-ROHKOST-SALAT AUS DEM LÄNDLE)

Für 4 Personen (Vorspeise)

ZUTATEN:

4 EL	Joghurt oder Sauerrahm
2 EL	Olivenöl
	Saft einer Zitrone
1–2 TL	Honig
	Salz
	Pfeffer
2 EL	Walnüsse
½	Sellerieknolle (ca. 400 g)
2	säuerliche Äpfel (Boskoop, Elstar)
etwas	frische Kresse und/oder Petersilie oder Dille zum Garnieren

ZUBEREITUNGSZEIT UND SERVIERFERTIG:
20–25 Minuten

Für das Dressing Joghurt mit Olivenöl, Zitronensaft und Honig vermischen. Anschließend mit Salz und Pfeffer abschmecken.

Walnüsse grob hacken und in einer Pfanne ohne Fett rösten. Sellerie schälen und mit einer Gemüsereibe grob reiben.

Äpfel schälen, vierteln, Kerngehäuse entfernen und ebenfalls grob reiben. Alles zusammen mit den Walnüssen zum Dressing geben und vermengen.

Salat mit frischer Kresse, gehackter Petersilie oder Dille garniert servieren.

FRÜOHLIGHAFTA GRUMPORASALOT
(FRÜHLINGSHAFTER KARTOFFELSALAT)

Für 4 Personen (Beilagenportion)

ZUTATEN:

500 g	Kartoffeln, festkochend
4	Frühlingszwiebeln
2 Bund	Radieschen
150 g	Schinkenspeck
2	Gewürzgurken

FÜR DAS DRESSING:

125 ml	Gemüsesuppe
200 g	Sauerrahm
3 EL	Gewürzgurkensaft
1 EL	Lustenauer Senf
1 TL	Senfkörner
	Salz
	frisch gemahlener Pfeffer
½ Bund	frische Petersilie oder Dille

GLUTENFREI

ZUBEREITUNGSZEIT UND SERVIERFERTIG:
35 Minuten

Leicht gesalzenes Wasser für die Kartoffeln zum Kochen bringen. Kartoffeln schälen und im kochenden Wasser ca. 25–30 Minuten weichkochen. Anschließend etwas auskühlen lassen.

In der Zwischenzeit Frühlingszwiebeln waschen und in feine Ringe (diagonal) schneiden. Radieschen waschen und fein blättrig schneiden. Schinkenspeck in feine Streifen und Gewürzgurken klein schneiden.

Für das Dressing die kalte Gemüsesuppe mit Sauerrahm, Gewürzgurkensaft und Senf mischen. Senfkörner untermischen und mit Salz und Pfeffer würzen.

Petersilie oder Dille waschen, trockenschütteln und fein schneiden.

Sobald die Kartoffeln gar und etwas abgekühlt sind, diese in feine Scheiben schneiden und mit Frühlingszwiebeln, Radieschen, Schinkenspeck und Gewürzgurken mischen. Petersilie oder Dille hinzufügen und den Salat mit dem Dressing marinieren.

SERVIERTIPP:
FÜR DIE VEGETARISCHE VARIANTE EINFACH DEN SCHINKENSPECK WEGLASSEN.
IDEAL ZUM VORBEREITEN FÜR EINE EINLADUNG ODER EIN GRILLFEST!

GERSTOSALOT MIT OFOGMÜOS
(GERSTENSALAT MIT OFENGEMÜSE)

Für 4 Personen

ZUTATEN:

200 g	Rollgerste
1 TL	Kurkuma
3	Karotten (ca. 200 g)
2 EL	Olivenöl
1 TL	Honig
1 TL	Kreuzkümmel, gemahlen
½ TL	Paprikapulver
	Salz
150 g	Erdbeeren
1–2	Frühlingszwiebeln
4 EL	Mandelblättchen
	frische Zitronenmelisse

FÜR DAS DRESSING:

3 EL	Olivenöl
	Saft einer Zitrone
	Schale einer halben unbehandelten Zitrone
1 EL	weißer Balsamicoessig
1 TL	Honig
	Salz
	Pfeffer

ZUBEREITUNGSZEIT:
25–30 Minuten

SERVIERFERTIG:
35 Minuten

Backofen auf 200 °C Umluft vorheizen. Leicht gesalzenes Wasser (dreifache Menge der Gerste) mit Kurkuma zum Kochen bringen. Gerste in das kochende Wasser geben und ca. 30 Minuten kochen. Anschließend noch ca. 5–10 Minuten stehen lassen.

Karotten schälen, waschen und längs in Stifte schneiden. Karotten mit Olivenöl, Honig, Kreuzkümmel, Paprikapulver und Salz marinieren und im vorgeheizten Ofen ca. 25 Minuten rösten. Nach ca. 12 Minuten die Karotten wenden.

In der Zwischenzeit Erdbeeren waschen und vierteln. Frühlingszwiebeln waschen und fein schneiden. Mandelblättchen in einer Pfanne ohne Fett goldbraun rösten.

Für das Dressing Olivenöl, Zitronensaft, Zitronenabrieb, weißen Balsamicoessig, Honig, Salz und Pfeffer mischen. Dressing über die leicht abgekühlte Gerste geben und auf Tellern anrichten. Karotten, Erdbeeren, Frühlingszwiebeln, Mandelblättchen und Zitronenmelisse darübergeben und servieren.

TIPP:
ICH MISCHE AUCH SEHR GERNE SCHAFSKÄSEWÜRFEL UND/ODER KICHERERBSEN SOWIE GEBRATENE PILZE UNTER DEN SALAT. JE NACH SAISON KANN MAN VERSCHIEDENES OFENGEMÜSE DAZUGEBEN ODER DIE ERDBEEREN MIT GRANATAPFELKERNEN ERSETZEN.

LUMPOSALOT
(LUMPENSALAT = WURST-KÄSE-SALAT)

Für 4 Personen

ZUTATEN:

250 g	Schübling (Knacker)
250 g	Bergkäse, 12 Monate gereift
1	Zwiebel
	Salz
	Schwarzer Pfeffer
3 EL	Sonnenblumenöl
2 EL	Kräuteressig
4	Radieschen
6	Essiggurken

GLUTENFREI

ZUBEREITUNGSZEIT UND SERVIERFERTIG:
20 Minuten

Schübling und Bergkäse in feine Streifen schneiden. Man kann auch beides würfelig schneiden. Zwiebel schälen und in hauchdünne Ringe schneiden.

Aus Öl und Essig, Salz und Pfeffer eine Marinade zubereiten, über Wurst, Käse und Zwiebel geben und im Kühlschrank durchziehen lassen.

Radieschen in feine Scheiben schneiden. Essiggurken fein würfeln.

Lumposalot auf Tellern anrichten (nach Wunsch auf grünen Salatblättern) und mit Radieschen und Gurken garniert servieren.

SERVIERTIPP:
ZUM LUMPOSALOT PASST EIN PÄRLE (VORARLBERGER KLEINGEBÄCK MIT KÜMMEL) HERVORRAGEND.

JEDER MACHT DEN LUMPOSALOT ETWAS ANDERS. MANCHE GEBEN NOCH HARTGEKOCHTE EIER DAZU.

ROHA RANDIGSALOT
(ROHER ROTE-RÜBEN-SALAT)

4 Personen

ZUTATEN:

2	rohe Rote-Rüben-Knollen (ca. 500–600g)
	Saft einer Zitrone
3 EL	Olivenöl
	Salz
	Pfeffer
30 g	Walnüsse
ca. 30 g	Krenwurzel
	Kresse für die Deko

GLUTENFREI

Rote Rüben mit Einweghandschuhen schälen und fein reiben. Aus Zitronensaft, Olivenöl, Salz und Pfeffer ein Dressing zubereiten und über die geriebenen Roten Rüben geben. Walnüsse grob hacken und ohne Fett in einer Pfanne rösten. Salat auf Tellern anrichten, frischen Kren darübergeben und mit Kresse dekoriert servieren.

ZUBEREITUNGSZEIT UND SERVIERFERTIG: 15 Minuten

KLASSISCHA RANDIGSALOT
(KLASSISCHER ROTE-RÜBEN-SALAT)

4 Personen

ZUTATEN:

500–600 g	Rote Rüben, gekocht (2 große oder 4 kleinere Knollen)
1 Stück	Krenwurzel (Meerrettich) nach Belieben
100 ml	Essig (Kräuteressig, Apfelessig)
etwas	Wasser
1 TL	Salz
2 TL	Kümmel
1 TL	Zucker oder Honig

GLUTENFREI

Gekochte Rote Rüben schälen und mit einer Küchenmaschine in dünne Scheiben schneiden oder grob raspeln (geht natürlich auch von Hand – dann Gummihandschuhe verwenden) und in eine vorbereitete Schüssel geben.

Meerrettich- bzw. Krenwurzelstück (ca. 6 cm lang) schälen und längs halbieren. Diese groben Stücke zu den Roten Rüben geben – sie sorgen für Geschmack und Haltbarkeit, werden aber nicht mitgegessen.

In einem Topf Essig mit wenig Wasser leicht verdünnen. Nun Salz, Kümmel und Zucker oder Honig dazugeben und kurz aufkochen lassen. Den heißen Sud sofort über die zerkleinerten Roten Rüben gießen, den Salat kaltstellen und ziehen lassen. Abgekühlten Salat zugedeckt im Kühlschrank aufbewahren.

ZUBEREITUNGSZEIT UND SERVIERFERTIG: 15 Minuten

Diese drei Salate kommen heute längst nicht mehr so oft auf den Tisch, wie noch in den alten Zeiten. Oft stehen sie nur noch auf der Karte von traditionellen Gasthöfen mit einfacher Küche. Unsere Omas haben sie aber ganz sicher zubereitet. Weil sie einfach prima schmecken, gesund und sogar reichhaltig sind.

GRÜONA BOHNASALOT

(GRÜNER BOHNENSALAT / FISOLENSALAT)

Für 4 Personen

ZUTATEN:

1 kg	Stangenbohnen (Fisolen)
3	Schalotten oder eine mittelgroße Zwiebel
3 EL	Olivenöl
2 EL	Kräuteressig
	Salz
	Pfeffer

GLUTENFREI

ZUBEREITUNGSZEIT:
25 Minuten

SERVIERFERTIG:
ca. 1 h (je nach Ziehzeit)

Bohnen- und Tomatensalat gibt's bei uns immer im Sommer. Vor allem beim Grillfest dürfen beide Salate nicht fehlen. Doch das Beste kommt eh zum Schluss: Wenn ihr die Salatdressings genauso liebt wie ich, dann schnappt euch die geleerten Schüsseln und tunkt den Saft mit Brot auf oder schlürft ihn einfach weg – 's Bescht!

Bohnen waschen und Spitzen und Enden abschneiden. Je nach Länge der Bohne diese halbieren oder dritteln.

Leicht gesalzenes Wasser für die Bohnen zum Kochen bringen und Bohnen darin ca. 12-18 Minuten kochen (Bohnen sollten nicht zu weich werden).

In der Zwischenzeit Schalotten oder Zwiebel schälen und fein schneiden. Aus diesen mit Olivenöl, Kräuteressig, Salz und Pfeffer eine Marinade zubereiten.

Heiße Bohnen abgießen und sofort mit der Marinade mischen. Bohnen abdecken, ziehen lassen und ins Kühle bzw. in den Kühlschrank stellen. Den Bohnensalat nicht zu kalt servieren, sonst verliert er an Geschmack.

TOMATOSALOT
(TOMATENSALAT)

Für 4 Personen

ZUTATEN:

1 kg	reife Tomaten
1	rote Zwiebel
2 EL	Wasser
2 EL	Weißweinessig
4 EL	Olivenöl
½–1 TL	Salz
	Schwarzer Pfeffer
1 EL	Zucker

GLUTENFREI
ZUBEREITUNGSZEIT: 20 Minuten
SERVIERFERTIG:
ca. 1 h (je nach Ziehzeit)

Tomaten waschen und Stielansatz keilförmig herausschneiden. Nun diese in Scheiben schneiden. Zwiebel schälen und in feine Würfelchen schneiden. Beides in eine Salatschüssel geben.

Für das Dressing Wasser, Weißweinessig, Olivenöl, Salz und Schwarzen Pfeffer sowie Zucker verrühren und Tomaten sowie Zwiebeln damit marinieren. Salat gut ziehen lassen – je länger er zieht, desto besser schmeckt er.

TIPP:
NICHT ZU KALT SERVIEREN.

KRUTSALOT
(KRAUTSALAT)

Für 4 Personen

ZUTATEN:

1	Weißkrautkopf (ca. 1 kg)
6 EL	Weißweinessig
1 TL	Salz
1 TL	Zucker
1	Zwiebel
	Saft einer halben Zitrone
3 EL	pflanzliches Öl
1 EL	Kümmelsamen
	Pfeffer

GLUTENFREI
ZUBEREITUNGSZEIT: 30 Minuten
SERVIERFERTIG: 2 ½ Stunden

Weißkraut waschen, vierteln und harten Strunk herausschneiden. Weißkraut in feine Streifen (2–3 mm) schneiden oder fein hobeln.

Krautstreifen in eine große Schüssel geben und mit 3–4 EL Essig beträufeln, mit Salz und Zucker bestreuen.

Kraut kräftig mit beiden Händen etwa 10 Minuten durchkneten, bis sich ein milchiger Saft bildet.

Zwiebel schälen und fein schneiden. Zwiebeln mit dem restlichen Essig und Zitronensaft in einer kleinen Schüssel verrühren. Öl untermischen und mit dem Kümmel über das Kraut gießen. Alles gut vermengen und den Salat mind. 2 Stunden ziehen lassen. Bei Bedarf erneut mit Salz, Zucker und Pfeffer abschmecken und servieren.

Käs-Rezepte & Bsundrigs

(KÄSE-REZEPTE & BESONDERES)

BUCHWEIZEN-KÄSFLADA MIT BÄRLAUCH

(BUCHWEIZEN-KÄSEFLADEN MIT BÄRLAUCH)

Für 4 Personen

FÜR DEN TEIG:

15 g	frische Hefe
125 ml	Buttermilch, lauwarm
150 g	Buchweizenmehl
100 g	glutenfreies Mehl
20 g	flüssige Butter
1 Prise	Zucker
1 Prise	Salz

WEITERE ZUTATEN:

400 g	Rheintaler Käse oder eine Käse-Mischung: Räßkäse, Bergkäse usw.
3	Zwiebeln
150 g	frischer Bärlauch (oder Spinat)
2 EL	Butter
3	Eier
50 ml	Milch
	Salz
	Pfeffer
1 Msp.	Muskatnuss

GLUTENFREI

ZUBEREITUNGSZEIT:
15 Minuten + 45 Minuten Gehzeit

SERVIERFERTIG:
1 h 15 Minuten

Frische Hefe in lauwarmer Buttermilch verrühren und zum Buchweizenmehl und Mehl hinzufügen. Flüssige Butter, Zucker und Salz zum Mehl hinzugeben und alles zu einem Hefeteig kneten. Teig ca. 45 Minuten an einem warmen Ort gehen lassen (er geht nicht so extrem auf wie normaler Hefeteig).

In der Zwischenzeit Käse fein hobeln. Zwiebeln schälen und zwei Zwiebeln fein schneiden, eine Zwiebel in feine Ringe schneiden (Ringe auf die Seite geben). Bärlauch waschen, trockenschütteln und in feine Streifen schneiden.

Butter in einer Pfanne zergehen lassen und die geschnittenen Zwiebeln darin glasig andünsten. Bärlauch kurz hinzugeben. Zwiebeln, Bärlauch, Käsemischung, Eier und Milch mit Salz, Pfeffer und Muskatnuss mischen.

Backofen auf 250 °C Ober-/Unterhitze (230 °C Umluft) vorheizen. Eine runde Backform oder ein Blech mit Butter einfetten und mit Mehl bestäuben.

Teig je nach Formwunsch auf einer bemehlten Arbeitsfläche ausrollen und einen ca. 1 cm dicken Rand formen. Teig auf das vorbereitete Blech geben. Käsemischung auf den Teig geben. Zwiebelringe darauf verteilen und Käsefladen im Ofen auf die unterste Schiene geben. Ein hitzebeständiges Gefäß mit Wasser in den Backofen geben. Käsefladen ca. 25–30 Minuten backen. Der Käsefladen ist fertig, wenn er goldgelb bis leicht bräunlich ist.

KLASSISCHA KÄSFLADA
(KLASSISCHER KÄSEFLADEN)

Für 4 Personen

ZUTATEN:

300 g	Mehl
	Salz
15 g	frische Hefe
	Wasser
300 g	Käse-Mischung: Räßkäse, Rheintaler, Emmentaler
3	Zwiebeln
2 EL	Butter
2	Eier
etwas	Milch
	Pfeffer aus der Mühle
1 Msp.	Muskatnuss

ZUBEREITUNGSZEIT:
15 Minuten + 45 Minuten Gehzeit

SERVIERFERTIG:
1 h 15 Minuten

Mehl und Salz in eine Schüssel geben und vermischen. Hefe in etwas lauwarmem Wasser auflösen und dem Mehl beigeben. Das Ganze ca. 10 Minuten zu einem Teig kneten und zugedeckt an einem warmen Ort gehen lassen.

In der Zwischenzeit den Käse fein hobeln. Zwiebeln schälen und zwei davon fein schneiden, eine Zwiebel in Ringe schneiden.

Butter in einer Pfanne zergehen lassen und die geschnittenen Zwiebeln darin glasig andünsten. Käsemischung, Eier und Milch mit Salz und Pfeffer und Muskatnuss mischen.

Backofen auf 250 °C Ober-/Unterhitze (230 °C Umluft) vorheizen. Eine runde Backform oder ein Blech mit Butter einfetten und mit Mehl bestäuben.

Teig je nach Formwunsch auf einer bemehlten Arbeitsfläche ausrollen und einen ca. 1 cm dicken Rand formen. Teig auf das vorbereitete Blech geben. Käsemischung auf den Teig geben. Zwiebelringe darauf verteilen und Käsefladen im vorgeheizten Ofen auf die unterste Schiene geben.

Ein hitzebeständiges Gefäß mit Wasser in den Backofen geben. Käsefladen ca. 25-30 Minuten backen. Der Käsefladen ist fertig, wenn er goldgelb bis leicht bräunlich ist.

DURANAND MIT PILZO
(DURCHEINANDER MIT PILZEN)

Für 4 Personen

ZUTATEN:

300 g	Riebelmais (grob gemahlener Maisgrieß)
600 ml	Gemüsebrühe
600 g	Kartoffeln, festkochend
2	Zwiebeln
1	rote Paprika
1–2 EL	Butter
250 g	Pilze (Champignons oder Kräuterseitlinge)
180 g	Vorarlberger Bergkäse
	Salz
	Pfeffer
	frischer Schnittlauch

GLUTENFREI

ZUBEREITUNGSZEIT UND SERVIERFERTIG:
45 Minuten
(ohne Vorbereitungszeit)

VORBEREITUNG:
(EINIGE STUNDEN VORHER ODER AM VORABEND)

Gemüsebrühe zum Kochen bringen. Maisgrieß mit Salz gut einrühren und unter ständigem Rühren für ca. 10–15 Minuten leicht köcheln lassen. Grieß vom Herd nehmen und mehrere Stunden oder über Nacht ziehen lassen.

ZUBEREITUNG:

Leicht gesalzenes Wasser für die Kartoffeln zum Kochen bringen. Kartoffeln schälen, würfeln und im kochenden Wasser ca. 20 Minuten weichkochen.

Zwiebeln schälen und fein schneiden. Paprika der Länge nach teilen, Stielansatz entfernen, waschen, entkernen und in dünne Streifen schneiden.

Butter in einer Pfanne zergehen lassen und Zwiebeln darin glasig dünsten. Paprika hinzugeben. Kartoffelwürfel abgießen und ebenfalls hinzugeben. Alles für etwa 5 Minuten rundum anbraten, salzen und zwischenzeitlich auf die Seite geben.

Pilze vorsichtig säubern und in einer separaten Pfanne mit Rapsöl scharf anbraten und salzen.

Bergkäse reiben. Riebelmais in der Pfanne im heißen Butterschmalz anbraten. Immer wieder mit der Kelle vom Boden sorgfältig wenden (dieser Vorgang nennt sich „riebeln"). Dazwischen warten, damit der Duranand Farbe bekommt.

Nun geröstete Zwiebel, Paprika und Pilze dazugeben, die vorbereiteten Kartoffeln nach und nach hineinschneiden und alles erneut für ca. 10 Minuten anbraten. Kurz vor dem Servieren den Bergkäse gut untermischen.

Mit Schnittlauch garniert servieren.

TIPP:
DURANAND HEISST NICHTS ANDERES ALS „DURCHEINANDER" – SO GESEHEN KANN MAN ALLES MÖGLICHE (NACH GESCHMACK UND LAUNE) ZUM GEBRATENEN MAISGRIESS GEBEN.

KRUTKRAPFA US GRUMPORATOAG MIT TOPFO

(KRAUTKRAPFEN AUS KARTOFFELTEIG MIT TOPFEN)

Für 4 Personen

FÜR DAS BAYRISCH KRAUT:

1 Kopf	Weißkraut (ca. 1 kg)
1	große Zwiebel
2 EL	Butterschmalz
1	kleiner Apfel
150 g	durchwachsene Räucherspeckwürfel
1 EL	Zucker
375 ml	Rinder- oder Gemüsebrühe
	Salz
	Pfeffer
2 EL	Apfelessig
1 EL	Kümmelsamen
1 TL	Speisestärke

FÜR DIE KRAUTKRAPFEN:

200 g	gekochte Kartoffeln
200 g	Weizenmehl
200 g	Topfen
150 g	Butter
	Salz
2	Eier
	frischer Schnittlauch

ZUBEREITUNGSZEIT UND SERVIERFERTIG:

1 h 30 Minuten

SERVIER-TIPP:

IDEAL MIT APFELMUS, VOGERLSALAT ODER EINEM SAUERRAHM-KNOBLAUCH-DIP

ZUBEREITUNG BAYRISCH KRAUT:

Weißkrautkopf vierteln und harten Strunk entfernen. Kraut in schmale Streifen schneiden und beiseitestellen. Zwiebeln schälen und in kleine Würfel schneiden. Apfel schälen, Kerngehäuse entfernen und in Würfelchen schneiden.

Butterschmalz in einem großen Topf erhitzen und Speck darin rundum anbraten. Zucker darüberstreuen und leicht anbräunen. Zwiebelwürfel hinzugeben und anschwitzen.

Krautstreifen hinzugeben und mit den restlichen Zutaten anschmoren. Immer wieder umrühren. Sobald das Kraut zusammenfällt (weich wird), Brühe zugießen. Nun Apfelwürfel hinzugeben. Das Ganze mit Salz, Pfeffer, Essig und Kümmel würzen. Hitze reduzieren und Kraut mit Deckel ca. 30–40 Minuten schmoren lassen, bzw. so lange, bis es weich ist, aber noch Biss hat.

Um die übrige Flüssigkeit zu binden, Speisestärke mit drei Teelöffeln kaltem Wasser verrühren und ins Weißkraut mischen. Erneut mit Salz und Pfeffer abschmecken.

ZUBEREITUNG KRAUTKRAPFEN:

Backofen auf 180 °C vorheizen. Leicht gesalzenes Wasser für die Kartoffeln zum Kochen bringen. Kartoffeln schälen, vierteln und im kochenden Wasser ca. 25 Minuten weichkochen.

Kartoffeln noch heiß passieren. Mehl, Topfen, Butter, Salz und ein Ei hinzufügen und alles zu einem glatten Teig kneten.

Teig kurz rasten lassen, anschließend dünn ausrollen und in ca. 10 x 10 cm große Vierecke radeln, etwas Kraut auf jedes Viereck geben und zusammenklappen (sodass Dreiecke entstehen). Ränder gut zusammendrücken.

Auf ein mit Backpapier ausgelegtes Blech legen und die Taschen mit dem zweiten, verquirlten Ei bestreichen. Im vorgeheizten Ofen ca. 30–35 Minuten backen, bis die Krapfen eine schöne Farbe bekommen haben.

KÄSKNÖPFLE/ KÄSSPÄTZLE

Man sagt, es sei die „Vorarlberger Nationalspeise". Tatsächlich ist die Herkunft der Käseknöpfle bzw. -spätzle allgemein nicht eindeutig geklärt. „Spätzle" ist die schwäbische Verkleinerungsform von Spatz. Von einem Stück Teig, das wie „ein Spatz in der Hand" gehalten wird, werden kleine Teigstücke abgestochen und ins kochende Wasser gegeben, also „kleine Spatzen" geformt. Die Bezeichnung Spätzle kommt evtl. auch vom italienischen „spezzato", was so viel wie gestückelt heißt. Vielleicht war aber auch die Herstellung namensgebend, da der Teig durch einen „Spätzler" (ein sog. Spätzleblech/-hobel) ins kochende Wasser geschabt wird. In Vorarlberg, aber auch in Baden oder Bayern, werden die Spätzle gerne auch „Knöpfle" genannt.

Man unterscheidet die langen Spätzle (die Länge übertrifft den Durchmesser um mehr als das Vierfache) und die Knöpfle, bei denen das Verhältnis von Länge zu Dicke unter zwei liegt. Aber viel wichtiger als die Länge ist vor allem die verwendete Käsemischung. Hier scheiden sich die Geister. Definitiv beinhaltet die Mischung mehrere Käsesorten: Der Bregenzerwälder Bergkäse sollte auf keinen Fall fehlen! Emmentaler und Räßkäse findet man eigentlich auch immer in der üblichen Käsemischung. Vor allem im Montafon, schmeckt man Sauren Käse heraus. In Vorarlberg werden Kässpätzle/Käsknöpfle traditionell mit Kartoffelsalat und Apfelmus serviert. Ich esse die Käsknöpfle am liebsten nur mit einem grünen Salat.

KÄSKNÖPFLE
(KÄSESPÄTZLE)

Für 4 Personen

ZUTATEN:

450 g	Vorarlberger Spätzle Mehl (Mischung aus Weizenmehl und Hartweizendunst)
5 g	Salz
4	Eier
250 ml	kaltes Wasser (oder 125 ml Wasser und 125 ml Milch)
250 g	Vorarlberger Bergkäse, mild oder würzig
100 g	Vorarlberger Alpkäse (alternativ Emmentaler)
50 g	Vorarlberger Räßkäse
	Schwarzer Pfeffer

ZUBEREITUNGSZEIT:
30 Minuten

SERVIERFERTIG:
30 Minuten

Röstzwiebeln laut Rezept auf Seite 181 zubereiten.

Leicht gesalzenes Wasser für die Spätzle zum Kochen bringen. Mehl, Salz, Eier und Wasser (Milch) vermengen, bis kein Mehl mehr sichtbar ist. Teig sollte von der Konsistenz zwischen flüssig und fest sein. Teig mit dem Spätzler/Spätzleblech/Spätzlehobler in das kochende Wasser „spätzla" (drücken). Nach kurzem Aufwallen aus dem Wasser schöpfen.

Käsesorten gut miteinander vermischen. Dann die Spätzle und die Käsemischung abwechselnd in eine heiße Schüssel oder typische Käsespätzleform schichten. Vorsichtig durchrühren, damit der Käse gut schmilzt und sich schön auf die Spätzle verteilt. Die gerösteten Zwiebeln, die in reichlich Butter gebräunt und aufgeschäumt wurden, über die Käsespätzle geben.

Käsespätzle mit Schwarzem Pfeffer würzen und servieren.

WICHTIG: Die Knöpfle müssen Fäden ziehen!

SERVIERTIPP:
KLASSISCHERWEISE WERDEN KÄSESPÄTZLE MIT KARTOFFELSALAT UND APFELMUS SERVIERT.

SERVIERTIPP:
WENN KÄSESPÄTZLE ÜBRIG BLEIBEN, WERDEN DARAUS SO GENANNTE „UFGRÖSCHTE KÄSKNÖPFLE" GEMACHT. SIE WERDEN IN EINER BESCHICHTETEN PFANNE ANGEBRATEN (MEIST BRAUCHT ES GAR KEINE ZUSÄTZLICHE BUTTER) UND MIT ETWAS KRUSTE SERVIERT.

KRUTSPÄTZLE/ KRUTKNÖPFLE

(KRAUTSPÄTZLE)

Für 4 Personen

FÜR DIE SPÄTZLE:

450 g	Vorarlberger Spätzlemehl (Mischung aus Weizenmehl und Hartweizendunst)*
5 g	Salz
4	Eier
250 ml	kaltes Wasser (oder 125 ml Wasser und 125 ml Milch)

FÜR DAS SAUERKRAUT UND DIE RÖSTZWIEBELN:

1	Zwiebel
2 EL	Mehl
½ TL	Paprikapulver
1 Prise	Salz
50 g	Butterschmalz
200 g	Bauchspeck nach Belieben
15 g	Butter
200 g	Sauerkraut, gekocht
½ TL	Zucker
½ TL	Kümmelsamen
3 Stk.	Wacholderbeeren
	frischer Schnittlauch zum Servieren

ZUBEREITUNGSZEIT UND SERVIERFERTIG:
35 Minuten

Leicht gesalzenes Wasser für die Spätzle zum Kochen bringen. Mehl, Salz, Eier und Wasser (Milch) vermengen, bis kein Mehl mehr sichtbar ist. Der Teig sollte von der Konsistenz zwischen flüssig und fest sein.

Teig mit dem Spätzler/Spätzleblech/Spätzlehobler in das kochende Wasser „spätzla" (drücken). Nach kurzem Aufwallen aus dem Wasser schöpfen.

Für die Röstzwiebeln Zwiebel schälen, halbieren und in dünne Streifen schneiden. Mehl, Paprikapulver und Salz vermischen und Zwiebeln darin schwenken. Butterschmalz in einem Topf erhitzen und Zwiebelringe darin goldbraun frittieren.

Butter in einer Pfanne erhitzen. Sauerkraut hinzugeben und mit etwas Zucker, Kümmelsamen und Wacholderbeeren abschmecken. Nun nackte Spätzle und Bauchspeck nach Belieben dazugeben und alles etwas anbraten.

Krautspätzle auf Tellern anrichten und mit Röstzwiebeln und frischem Schnittlauch garniert servieren.

* Spätzlemehl kann man aus Weizenmehl und Grieß oder Dunst im Verhältnis 80:20 selbst mischen. Alternativ kann man auch Weizenmehl Type 550 verwenden.

NACKATE SPÄTZLE
(NACKTE SPÄTZLE)

Für 4 Personen

ZUTATEN:

400 g	Mehl
	Salz
3	Eier
etwas	Milch oder Wasser
etwas	Butter zum Servieren

ZUBEREITUNGSZEIT UND SERVIERFERTIG:
15 Minuten

Nackate Spätzle sind eine herrliche Beilage zu Wild.

Leicht gesalzenes Wasser für die Spätzle zum Kochen bringen. Mehl, Salz, Eier und Wasser (Milch) vermengen, bis kein Mehl mehr sichtbar ist. Teig sollte von der Konsistenz zwischen flüssig und fest sein.

Teig mit dem Spätzler/Spätzleblech/Spätzlehobler in das kochende Wasser „spätzla" (drücken). Einmal aufwallen lassen und mit einem Schuss kalten Wasser abschrecken (in den Topf rein).

Erneut aufwallen lasen und anschließend mit einem Sieblöffel herausheben. Beim Anrichten Butterflocken daraufgeben, damit die Spätzle nicht verkleben.

SPINATSPÄTZLE

Für 4 Personen

ZUTATEN:

	Spätzleteig (siehe oben)
500 g	Spinat
1	kleine Zwiebel
1–2 EL	Butter
200 g	Schinken, fein geschnitten
etwas	Mehl
250 ml	Milch
	Salz
1 Msp.	Muskatnuss, gerieben
65 ml	Weißwein
1	Dotter
65 ml	Schlagobers

ZUBEREITUNGSZEIT UND SERVIERFERTIG:
40 Minuten

Einen Spätzleteig (siehe oben) zubereiten und in den Teig den gehackten Spinat geben. Weniger Wasser für den Teig verwenden, da Spinat schon sehr viel Wasser enthält.

Spinat-Teig mit dem Spätzler / Spätzleblech / Spätzlehobler in das kochende Wasser „spätzla" (drücken). Nach kurzem Aufwallen aus dem Wasser schöpfen. Zwiebel schälen, fein schneiden und in der Butter glasig braten. Schinken hinzugeben und kurz weiterrösten.

Nun das Ganze mit Mehl bestäuben, Milch dazugeben und gut durchrühren. Mit Salz und Muskatnuss würzen und ca. 15 Minuten bei niedriger Temperatur unter ständigem Rühren weiterkochen.

Mit Weißwein abschmecken. Eidotter mit dem Schlagobers verquirlen und in die Sauce einrühren (nicht mehr kochen). Sämige Sauce über die Spätzle geben und servieren.

SERVIERVORSCHLAG:
ICH SERVIERE DIE SPINATSPÄTZLE AUCH GERNE ANGEBRATEN MIT SCHINKEN UND ZWIEBELN UND VERFEINERE SIE MIT EINEM SCHUSS SCHLAGOBERS.

VORARLBERGER BERGKÄSKNÖDL
(VORARLBERGER BERGKÄSEKNÖDEL)

Für 4 Personen

ZUTATEN:

4	große Eier
150 ml	Milch, lauwarm
380 g	Semmelwürfel (alternativ: altes Weißbrot klein schneiden)
200 g	Vorarlberger Bergkäse + etwas für die Deko
1	mittelgroße Zwiebel
½ Bund	frische Petersilie + etwas für die Deko
4 EL	Butterschmalz
1–2 EL	Mehl nach Bedarf
1 Prise	Muskatnuss
	Salz
	Schwarzer Pfeffer
40 g	Butter
	Röstzwiebeln von 4 Zwiebeln (siehe Rezept S. 181)

ZUBEREITUNGSZEIT UND SERVIERFERTIG:
45 Minuten

Eier mit lauwarmer Milch in einer großen Schüssel verquirlen, Semmelwürfel hinzugeben und quellen lassen.

Bergkäse von der Rinde befreien und in sehr kleine Würfel schneiden. Zwiebel schälen und ebenfalls klein schneiden. Petersilie waschen, trockenschütteln und fein hacken.

Die Hälfte des Butterschmalzes in einer Pfanne erhitzen und Zwiebeln darin glasig dünsten.

Bergkäse, Zwiebeln, Petersilie, Mehl (nur wenn nötig), Muskatnuss, Salz und Pfeffer zur Semmelmasse geben und am besten mit den Händen gut durchkneten, ca. 1/2 Stunde ruhen lassen.

Leicht gesalzenes Wasser für die Knödel zum Kochen bringen. Aus der Masse Knödel formen und im siedenden Wasser (nicht kochendes Wasser) ca. 12-15 Minuten (je nach Größe der Knödel) garen. Noch besser gelingen die Knödel im Dampfgarer.

Anschließend Knödel mit dem restlichen Butterschmalz in einer Pfanne rundum anbraten. Butter in einer Pfanne zerlassen und leicht bräunen. Knödel mit Röstzwiebeln, zerlassener Butter, frisch gehobeltem Bergkäse und Petersilie garniert servieren.

SERVIERTIPP:
DIE KNÖDEL SCHMECKEN MIT SAUERKRAUT SEHR GUT. DAFÜR DIE ZERLASSENE BUTTER UND DEN GEHOBELTEN BERGKÄSE WEGLASSEN.

KÄSGRÜMPERLE
(KÄSEKARTOFFELN)

Für 4 Personen

ZUTATEN:

500 g	Neue Kartoffeln
1–2 EL	Butter
150 g	Bergkäse, gerieben
	Salz
	Pfeffer

ZUBEREITUNGSZEIT UND SERVIERFERTIG:
25–30 Minuten

ERSTE ZUBEREITUNGSVARIANTE:

Neue Kartoffeln mit der Schale weichkochen und anschließend schälen. Butter in einer Pfanne erhitzen und Kartoffeln darin rundum goldbraun anbraten. Nun geriebenen Käse in die Pfanne geben und die Kartoffeln darin wälzen. Bei diesem Vorgang schmilzt der Käse und bildet eine knusprige Hülle um die Kartoffeln. Mit Salz und Pfeffer würzen.

SERVIERTIPP:

DAZU SERVIERT MAN WIE BEI PELLKARTOFFELN TOPFENKÄSE, KALTE BUTTER UND EVTL. WEITEREN SCHNITTKÄSE.

ZWEITE ZUBEREITUNGSVARIANTE:

Rohe Kartoffeln schälen, waschen und in Würfelchen schneiden. Kartoffelwürfel in Salzwasser kochen. Sobald die Kartoffelwürfel weich sind, diese lagenweise mit geriebenem Käse in einer Schüssel anrichten. Die Käsgrümperle mit gebräunten Zwiebeln und frisch gemahlenem Schwarzen Pfeffer servieren.

KÄSHÖRNLE
(KÄSENUDELN)

Für 4 Personen

ZUTATEN:

400 g	Hörnchen-Nudeln
1	Zwiebel
1–2 EL	Butter
150 g	Bergkäse, gerieben
	frischer Schnittlauch
	Salz

ZUBEREITUNGSZEIT UND SERVIERFERTIG:
25 Minuten

Leicht gesalzenes Wasser für die Hörnchen (Nudeln) zum Kochen bringen. In der Zwischenzeit Zwiebel schälen und in feine Ringe schneiden.

Hörnchen in das kochende Wasser geben und bissfest kochen. Butter in einer Pfanne erhitzen und die Zwiebelringe darin knusprig braten.

Sobald die Hörnchen gar sind, diese abwechselnd mit dem geriebenen Bergkäse in Lagen in eine Kasserolle oder Schüssel schlichten. Etwas Nudelwasser darübergießen und das Ganze leicht salzen.

Schnittlauch waschen, trockenschütteln und in feine Röllchen schneiden. Hörnchen mit Zwiebelringen und Schnittlauch garniert servieren.

RIEBEL - RIBOL - STOPFAR - BRÖSEL

„Riebel kennt bei uns jedes Kind." - Das galt vielleicht noch vor fünfzig oder mehr Jahren. Seitdem hat sich gesellschaftlich sehr viel verändert und vielfach kennen eher Ältere und Alteingesessene das Gericht aus Weizen- und/oder Maisgrieß. Wenn man den Riebel als Frühstücksmahlzeit betrachtet, könnte man ihn auch als eine Art „alemannischen Porridge" bezeichnen. Heute wie gestern gibt es Riebel aber auch als Hauptgericht oder in der süßen Maisgrieß-Variante mit Rosinen zum Nachtisch. Riebel braucht etwas Zeit zur Zubereitung. Am Vorabend empfiehlt es sich, den Grieß in Milch einzuweichen und über Nacht quellen zu lassen. Riebel oder Ribol (Schweizer Rheintal und eingetragene Marke) wird im Oberland auch Brösel, im Montafon „Stopfar" oder „Pflutta" genannt. Man hört aus letzteren Bezeichnungen, dass die Speise sowohl einfach als auch langanhaltend sättigend ist. Daher stand Riebel vor allem auf dem bäuerlichen Menüplan. Früh morgens aßen Familie und/oder Mägde und Knechte gemeinsam aus einer großen Schüssel. Damit hatte man genügend Energie für die oft schwere körperliche Arbeit. Heute hat jede/r ihren/seinen eigenen tiefen Teller oder die Bowl (Schüssel). Denn klassisch gehört Milchkaffee dazu, in den man den Riebel taucht. Aber auch Apfel-, Holunder-Mus oder Heidelbeerkompott passen gut dazu. Wichtig ist die hellbraune Kruste, die der Riebel durchs lange Braten und regelmäßiges „Stopfen" in Butterschmalz erhält. Er wird dann mit Kristallzucker bestreut - heute auch mit unraffiniertem braunem Zucker - und mit Milchkaffe serviert. In der neuen Küche setzt man Riebel sogar als pikante Vorspeise oder Beilage ein.

RIBOL
(RIEBEL)

Für 4 Personen

ZUTATEN:

750 ml	Milch, mit etwas Wasser verdünnt
400–500 ml	Wasser
½ EL	Butter
	Salz
400 g	Riebelmais (Weizen- oder Maisgrieß oder gemischt)
1 EL	Butter zum Braten
4 EL	Zucker

ZUBEREITUNGSZEIT:
15 Minuten

SERVIERFERTIG:
ca. 1 Stunde

Mit Zucker bestreut oder nicht, ist der Riebel ein ausgiebiges Frühstück oder Abendessen.

Milch, Wasser, Butter und Salz in einem Topf aufkochen. Maisgrieß unter Rühren einrieseln lassen. Unter ständigem Rühren kurz aufkochen lassen, vom Herd nehmen und zugedeckt etwa 15–20 Minuten quellen lassen. Anschließend auskühlen lassen (kann man auch am Vorabend schon zubereiten).

Butter in einer Pfanne erhitzen und Maisgrieß darin für 30–45 Minuten unter oftmaligem Wenden und Zerstoßen (man nennt diesen Vorgang „riebeln") bei mittlerer Hitze goldbraun rösten. Nach Bedarf etwas mehr Butter unterrühren.

TIPP:
RIEBEL WIRD MIT ZUCKER BESTREUT SERVIERT, DAZU REICHT MAN MILCHKAFFEE. ICH ESSE IHN SEHR GERNE MIT APFEL- ODER HEIDELBEERMUS.

KRIOSERIBOL ODR MARILLORIBOL
(KIRSCH- ODER MARILLENRIEBEL)

Für 4 Personen

Wie beim klassischen Riebelrezept vorgehen. Nach der Hälfte der Bratzeit 200 g entsteinte Kirschen oder Marillen (in kleine Würfel geschnitten) dazugeben und weiterrösten.

MI OAGANES RIBOL-REZEPT
(MEIN PERSÖNLICHES RIEBEL-REZEPT)

Für 4 Personen

ZUTATEN:

½ l	Mandelmilch
	Salz
150 g	Maisgrieß
1 EL	Kokosöl
	Ahornsirup
360 g	Kirschkompott oder
650 ml	Heidelbeer-, Holunder- oder Apfelmus

Wie den herkömmlichen Riebel, aber mit Mandelmilch und ohne Wasser zubereiten.
Statt mit Zucker serviere ich ihn mit Ahornsirup.

ZUBEREITUNGSZEIT: 15 Minuten
SERVIERFERTIG: ca. 1 Stunde
GLUTENFREI

SÄER
(EINGESÄTER RIEBEL)

Für 4 Personen

ZUTATEN:

1 Liter	Milch
750 ml	Wasser
150 g	Butterschmalz
600 g	Weizengrieß
	Salz

ZUBEREITUNGSZEIT: 15 Minuten
SERVIERFERTIG: ca. 1 Stunde

Milch mit Wasser in einem Topf erhitzen und Butterschmalz hinzugeben.
Nun Grieß einkochen, aufkochen lassen und vom Herd nehmen.
Brei etwas quellen lassen.

Pfanne wieder auf den Herd stellen und langsam weiterrösten.
Fleißig wenden und zerstoßen. Diesen Riebel muss man unbedingt feinbröselig rösten.

Siehe für Maisgrieß-Rezepte auch: „Duranand“ (S. 63)

STOPFAR (RIBOL) MIT HOADLBEERKOMPOTT
(STOPFER MIT HEIDELBEERKOMPOTT)

Für 4 Personen

ZUTATEN:

1 Liter	Milch
2 TL	Salz
3 EL	Schlagobers
300 g	Weizen- oder Dinkelgrieß
2 EL	Maisgrieß
2 EL	Buchweizenschrot, nach Belieben
120 g	Butter

KOMPOTT:

1 Schuss	kräftiger Rotwein
100 ml	Wasser
1	Zimtstange
150 g	Zucker
750 g	Heidelbeeren

ZUBEREITUNGSZEIT UND SERVIERFERTIG:
ca. 45 Minuten (ohne Quellzeit)

Milch, Salz, Schlagobers und die Hälfte der Butter aufkochen. Grieß und nach Wunsch Buchweizenschrot einrühren und zugedeckt ca. 2 Stunden quellen lassen. Anschließend die Masse zerstoßen und unter ständigem Auflockern in der restlichen Butter anrösten.

Für das Kompott einen Schuss Rotwein mit Wasser, Zimtstange und Zucker aufkochen und kurz ziehen lassen. Heidelbeeren dazugeben und nur kurz erhitzen, bis sie Wasser gezogen haben. Vom Herd nehmen, Zimtstange entfernen und abkühlen lassen.

Stopfer mit Heidelbeerkompott servieren.

RIBOL-WAFFLA
(RIEBEL-WAFFELN)

Für 10 Waffeln

ZUTATEN:

ca. 600 ml Milch (oder pflanzliche Milch wie z. B. Mandelmilch)
1 ½ TL Salz
250 g Vorarlberger Mais-Riebelgrieß
3 Eier
75 g Butter
Butterschmalz für das Waffeleisen

FÜR DIE VARIANTEN:

Pfeffer, Muskat und/oder Bergkäse für die pikante Variante
1–2 EL Zucker für die süße Variante

GLUTENFREI

ZUBEREITUNGSZEIT:
35 Minuten

SERVIERFERTIG:
45 Minuten

Milch in einem Topf mit Salz erhitzen. Maisgrieß nach und nach unter ständigem Rühren einstreuen und kurz zum Kochen bringen. Bei Bedarf etwas Milch hinzugießen. Topf von der Kochstelle nehmen und Masse ca. 5–10 Minuten abkühlen lassen. Diese sollte cremig sein.

Eier trennen und Eiweiß mit einer Prise Salz steif schlagen.

Butter und Eigelb unter die gekühlte Maisgrießmasse rühren. Bei der süßen Variante nun Zucker hinzugeben, für die pikante Variante Pfeffer, Muskat sowie geriebenen Bergkäse beimengen. Nun Eischnee unterheben.

Waffeleisen vorheizen. Sobald es heiß ist, Form mit Butterschmalz ausfetten. Teig portionsweise (ca. 2–3 Esslöffel Teig) in das vorgeheizte Waffeleisen geben und verstreichen. Waffeln ca. 5 Minuten goldbraun backen, mit einer Gabel oder einem Pfannenwender herausnehmen und einzeln auf einen Kuchenrost legen.

PIKANTE VARIANTE:
MIT SURA RÄBA (REZEPT SIEHE SEITE 131).

SÜSSE VARIANTE:
MIT HOLDERMUOS (HOLUNDERMUS) ODER ZWETSCHGENRÖSTER (SIEHE REZEPT SEITE 175) UND STAUBZUCKER.

SURKRUTSTRUDOL MIT SPEACK
(SAUERKRAUT-SPECK-STRUDEL)

Für 1 Strudel

ZUTATEN:

50 g	Bergkäse
3	Frühlingszwiebeln
½ Bund	Petersilie
40 g	Speckwürfel
300 g	Sauerkraut
1 EL	Butter
1 Pkg.	Crème fraîche
	Salz
	Pfeffer
1 Pkg.	Butter-Dinkelblätterteig oder Strudelteig
1	Ei

FÜR DEN DIP:

½ Bund	Petersilie
1	Knoblauchzehe (nach Belieben)
125 g	Naturjoghurt
	Salz

ZUBEREITUNGSZEIT:
25 Minuten

SERVIERFERTIG:
1 Stunde

Backofen auf 220 °C Ober-/Unterhitze vorheizen. Bergkäse reiben. Frühlingszwiebeln waschen und in feine Ringe schneiden. Petersilie waschen, trockenschütteln und Blätter fein schneiden. Speckwürfel ohne Fett in einer Pfanne rösten.

Für die Füllung geriebenen Bergkäse, Frühlingszwiebeln, Petersilie, Speckwürfel, Sauerkraut, Butter, Crème fraîche, Salz und Pfeffer in einer Schüssel vermischen.

Teig auf einem mit Backpapier belegten Blech entrollen und die Füllung auftragen, dabei einen Rand von ca. 2 cm aussparen.

Teigränder mit verquirltem Ei bestreichen und diese von oben und unten über der Masse zusammenschlagen. Den Strudel an den Seiten etwas festdrücken. Erneut mit verquirltem Ei bestreichen. Nach Belieben kann man den Strudel auch mit etwas geriebenem Bergkäse bestreuen.

Strudel in den vorgeheizten Ofen geben und auf der untersten Schiene ca. 35–40 Minuten goldbraun backen.

In der Zwischenzeit für den Dip Petersilie waschen, trockenschütteln und Blätter fein hacken. Knoblauch schälen und fein schneiden. Petersilie mit Joghurt, Knoblauch und Salz vermischen. Strudel in Stücke schneiden und gemeinsam mit dem Dip servieren.

SCHUPFNUDLA
(SCHUPFNUDELN)

Für 4 Personen

ZUTATEN:

½ kg	mehlige Kartoffeln
ca. 150 g	Mehl
	+ Mehl zum Ausrollen
1 EL	Butter
1	Ei
	Salz

ZUBEREITUNGSZEIT:
30 Minuten

SERVIERFERTIG:
50 Minuten

Leicht gesalzenes Wasser zum Kochen bringen. Kartoffeln waschen, ins kochende Wasser geben und weichkochen. Kartoffeln noch heiß schälen und durch eine Kartoffelpresse drücken oder fein faschieren. Etwas auskühlen lassen und mit Mehl, Butter, Ei und etwas Salz zu einem geschmeidigen Teig verarbeiten.

Leicht gesalzenes Wasser zum Sieden bringen. Aus dem Teig auf einem bemehlten Brett eine daumendicke Rolle formen und kleine Stücke abschneiden. Zwischen den Handflächen zu Schupfnudeln rollen.

Schupfnudeln in das siedende Wasser geben und ca. 5 Minuten kochen bzw. bis sie an der Oberfläche schwimmen. Nun diese mit einer Schaumkelle aus dem Wasser nehmen und kalt abschrecken. Nun können die Schupfnudeln nach Belieben weiterverarbeitet werden. Als Beilage und klassischerweise werden die Schupfnudeln in einer Pfanne mit etwas Butterschmalz angebraten.

SCHUPFNUDLA MIT KÄS
(SCHUPFNUDELN MIT KÄSE)

Für 4 Personen

ZUTATEN:

3 EL	Butterschmalz
100 g	Geselchtes, würfelig geschnitten
150 g	Bergkäse, gerieben
1 EL	Schnittlauch, geschnitten

ZUBEREITUNGSZEIT UND SERVIERFERTIG:
50 Minuten

Butterschmalz in einer Pfanne erhitzen und Schupfnudeln darin rundum anbraten. Geselchtes hinzugeben und kurz mitrösten. Geriebenen Bergkäse darübergeben und so lange braten, bis der Käse schmilzt.

Mit frisch geschnittenem Schnittlauch dekoriert servieren.

SCHUPFNUDLA MIT KRUT (KRAUT)

Für 4 Personen

ZUTATEN:

500 g	Sauerkraut
200 ml	Gemüsesuppe
1	große Zwiebel
200 g	Speckwürfel
	Salz
	Pfeffer
	frische Petersilie, gehackt

ZUBEREITUNGSZEIT UND SERVIERFERTIG:
50 Minuten

Sauerkraut in einen Topf geben, zusammen mit der Suppe aufkochen und etwas köcheln lassen. Zwiebel schälen und klein schneiden. Speck in der Pfanne ohne Fett rösten, Zwiebelwürfel hinzugeben und gemeinsam kurz braten.

Schupfnudeln dazugeben und das Ganze gut durchschwenken. Sauerkraut abgießen und zu den Schupfnudeln geben. Mit Salz, Pfeffer und frisch gehackter Petersilie garniert servieren.

MEIN TIPP:
SCHUPFNUDLA MIT SALBEIBUTTER

Ich mag Schupfnudla sehr gerne mit Salbeibutter. Dafür ca. 100 g Butter in einer Pfanne zergehen lassen und leicht aufschäumen. 25-30 Salbeiblätter hinzufügen und ca. 3-4 Minuten knusprig anbraten. Kurz vor Ende eine gepresste Knoblauchzehe kurz mitrösten. Schupfnudla direkt aus dem Kochwasser (etwas abtropfen lassen) in die Salbeibutter geben und durchschwenken. Auf Tellern anrichten, mit Salz und Pfeffer würzen und mit etwas geriebenem Bergkäse servieren.

SÜOSSE SCHUPFNUDLA-VARIANTE (SÜSSE SCHUPFNUDEL-VARIANTE)

Für 4 Personen

ZUTATEN:

3 EL	Butterschmalz
	Staubzucker
	Zwetschgenröster
	Holdermuos (Hollundermus)
	Oder
	Butterbrösel

Für die süße Variante die Schupfnudla ebenfalls in etwas Butterschmalz herausbraten. Entweder nur mit etwas Staubzucker bestäubt servieren oder mit Zwetschgenröster oder Holundermus. Zu der Kompottvariante schmecken Butterbrösel sehr gut. Dafür 3 EL Semmelbrösel in 4 EL Butter goldbraun rösten und über die Schupfnudla geben.

ZUBEREITUNGSZEIT UND SERVIERFERTIG:
45 Minuten

BUROOMLETT
(BAUERNOMELETTE)

Für 4 Personen

ZUTATEN:

4	kleine, speckige Kartoffeln (ca. 400 g)
1	Zwiebel
100 g	Wälderschinken oder Wälderspeck
⅓	Stange Lauch + etwas für die Deko
6	Eier
1 EL	Milch
	Salz
	Schwarzer Pfeffer
1 EL	Butter
50 g	Vorarlberger Bergkäse, gerieben
	frischer Schnittlauch

GLUTENFREI

ZUBEREITUNGSZEIT UND SERVIERFERTIG:
40 Minuten

Leicht gesalzenes Wasser für die Kartoffeln zum Kochen bringen. Kartoffeln schälen, halbieren und im kochenden Wasser ca. 15–20 Minuten weichkochen. In der Zwischenzeit Zwiebel schälen und fein schneiden. Schinken oder Speck klein würfeln. Lauch waschen, längs halbieren und in feine Ringe schneiden.

Kartoffeln etwas auskühlen lassen und in kleine Würfel schneiden. Eier in eine Schüssel schlagen und mit Milch, Salz und Pfeffer mit einer Gabel verquirlen.

Butter in einer Pfanne zergehen lassen und Zwiebeln mit Schinken oder Speck darin andünsten. Kartoffeln sowie Lauch hinzugeben und weiter dünsten. Nun verquirlte Eiermischung darübergießen und das Ganze bei mittlerer Hitze für ca. 3–4 Minuten stocken lassen. Omelette soll an der Unterseite goldbraun und an der Oberseite noch weich sein.

Nun geriebenen Bergkäse darüberstreuen und Omelette zuklappen. Omelette nochmals mit einem Pfannenwender wenden und kurz anbraten. Anschließend mit frisch gehacktem Schnittlauch und etwas Lauch bestreut servieren. Bei Bedarf erneut mit Salz und Pfeffer würzen.

TIPP:
ANSTATT EIN GROSSES OMELETTE ZU MACHEN, KANN MAN AUS DER MASSE AUCH GLEICH VIER EINZELNE KLEINE OMELETTEN ZUBEREITEN.

GRUMPORATOSCHE/ GRUMPORASCHMARRO

(KARTOFFELSCHMARREN)

Für 4 Personen

ZUTATEN:

400 g mehlige Kartoffeln
200 g Mehl
80–100 ml Milch
1 Ei
1 Msp. Muskatnuss
Salz
60 g Butter

ZUBEREITUNGSZEIT UND SERVIERFERTIG:
55 Minuten

Die Grumporatosche ist ein altes Vorarlberger Gericht und wird im Prinzip wie Kaiserschmarren zubereitet, aber mit Kartoffeln.

Leicht gesalzenes Wasser für die Kartoffeln zum Kochen bringen. Kartoffeln in das kochende Wasser geben und so lange kochen, bis sie weich sind. Anschließend durch eine Kartoffelpresse drücken. Nun Mehl, Milch, Ei, Muskatnuss und Salz hinzugeben und zu einer festen Masse rühren. Bei Bedarf noch etwas mehr Milch hinzugeben. Butter in einer Pfanne erhitzen und Masse darin ca. 10 Minuten unter Stoßen goldgelb rösten.

Die Grumporatosche kann man süß oder pikant essen. Für die süße Variante serviere ich die Tosche gerne mit Staubzucker und Holundermus und lasse die Muskatnuss weg. Für die pikante Variante gebe ich mehr Salz und gebratene Zwiebeln hinzu.

GRUMPORABRÖSL

(KARTOFFELBRÖSEL)

Für 4 Personen

ZUTATEN:

1 kg mehlige Kartoffeln
50 g Mehl
200 ml Milch
Salz
Pfeffer
120 g Butterschmalz

ZUBEREITUNGSZEIT:
20 Minuten

SERVIERFERTIG:
50 Minuten

Leicht gesalzenes Wasser für die Kartoffeln zum Kochen bringen. Kartoffeln schälen und so lange kochen, bis sie weich sind. Anschließend durch eine Kartoffelpresse drücken und sehr locker liegen lassen.

Kartoffeln salzen und Mehl großzügig darüber sieben. Milch hinzugeben und alles gut vermischen. Mit Salz und Pfeffer würzen. Nun alles locker unter die Kartoffeln heben, bis sich die einzelnen Kartoffelbrösel voneinander lösen und außen meliert sind - also bis hier Kartoffelbrösel entstanden sind (ähnlich wie Streusel beim Kuchen).

Butterschmalz in einer Pfanne erhitzen und Kartoffelbrösel portionsweise braten, bis sie goldgelb und knusprig sind. Die Portionen im vorgeheizten Ofen so lange warmhalten, bis alles verarbeitet ist.

TIPP:
DIE KARTOFFELBRÖSEL PASSEN ZU SAUERKRAUT UND BRATWÜRSTEN ODER MAN GENIESST DAS GERICHT EINFACH ALS HAUPTSPEISE MIT APFELMUS.

LUSCHTNOUAR KRUTNUDLA
(LUSTENAUER KRAUTNUDELN)

Für 4 Personen

ZUTATEN:

1	Zwiebel
1½ kg	Weißkraut
100 g	Öl
1 TL	Kümmel
	Salz
	Pfeffer
400 g	Bandnudeln

ZUBEREITUNGSZEIT UND SERVIERFERTIG:
35 Minuten

Zwiebel schälen und fein würfeln. Weißkraut waschen und in feine Streifen schneiden. Öl in einer großen Pfanne oder in einem Topf erhitzen und Zwiebel darin anschwitzen. Kohl bei mittlerer Hitze hinzufügen und mit Kümmel, Salz und Pfeffer würzen. Kraut mind. 20 Minuten schmoren, bis es bissfest ist.

In der Zwischenzeit leicht gesalzenes Wasser für die Nudeln zum Kochen bringen. Nudeln bissfest kochen, anschließend abgießen und zum Kraut geben. Nudeln und Kraut so lange braten, bis die Krautnudeln goldbraun gefärbt sind. Nun auf Tellern anrichten und servieren.

TIPP:
SO EIGENARTIG ES KLINGEN MAG, AUCH HIER ESSEN WIR APFELMUS DAZU. DAS SCHMECKT EINFACH AM BESTEN.

SURE SPÄTZLE
(SAURE SPÄTZLE)

Für 4 Personen

ZUTATEN:

1	Zwiebel
2 EL	Butter
200 ml	Rinds- oder Gemüsesuppe
1 EL	Essig
100 g	Sauerrahm
1	Lorbeerblatt
2	Gewürznelken
	Salz
	Pfeffer
	Blattsalat

ZUBEREITUNGSZEIT UND SERVIERFERTIG:
30 Minuten

Spätzle laut Rezept zubereiten (Spätzlerezept siehe Seite 71).

Zwiebel schälen und fein schneiden. Butter in einer Pfanne erhitzen und Zwiebeln darin glasig anschwitzen. Zwiebeln mit der Suppe aufgießen, Essig und Sauerrahm einrühren und das Ganze mit einem Lorbeerblatt und Gewürznelken aufkochen. Mit Salz und Pfeffer würzen.

Lorbeerblatt und Nelken wieder aus der Sauce nehmen und die sämige Sauce über die Spätzle gießen und durchschwenken.
Sure Spätzle auf Tellern anrichten und mit Blattsalat servieren.

SURE GRUMPORA
(SAURE KARTOFFELN)

Für 4 Personen

ZUTATEN:

6	Kartoffeln (ca. 900 g)
1 EL	Butterschmalz
2 EL	Mehl
2 EL	Wasser
1 EL	Essig
	Salz
	Pfeffer
1	Zwiebel
1	Knoblauchzehe
50 g	Butter
2 EL	Selchspeck, gewürfelt
	frischer Schnittlauch
4	Schwarzbrotscheiben

ZUBEREITUNGSZEIT:
20 Minuten

SERVIERFERTIG:
40 Minuten

„Sure Grumpora" sind ein Resteessen, wenn man gekochte Kartoffeln vom Vortag übrig hat. Das Gericht ist schnell zubereitet und sättigt.

Leicht gesalzenes Wasser zum Kochen bringen. Kartoffeln schälen und im kochenden Wasser weichkochen. Diese nun etwas abkühlen lassen und anschließend grob reiben.

Butterschmalz in einer Pfanne erhitzen und die Hälfte des Mehls darin dunkel anrösten. Das Ganze mit 2 EL Wasser ablöschen. Essig hinzugeben und mit Salz und Pfeffer würzen.

Nun die grob geriebenen Kartoffeln hinzugeben und alles heiß werden lassen.

Zwiebel schälen und in sehr feine Ringe schneiden. Knoblauch ebenfalls schälen und fein schneiden. Zwiebelringe im restlichen Mehl stauben. Butter in einem Topf erhitzen und Zwiebelringe darin braun rösten. Knoblauch und Speckwürfel hinzugeben und mitrösten.

Schnittlauch waschen, trockenschütteln und in feine Röllchen schneiden. Kartoffeln auf Tellern mit den Zwiebeln und dem Speck sowie dem Schnittlauch garniert anrichten. Mit Schwarzbrot servieren.

Hauptspeisa mit Fleisch

(HAUPTGERICHTE MIT FLEISCH)

HACKBROTO
(HACKBRATEN)

Für 4 Personen

FÜR DAS OFENGEMÜSE:

½	Sellerieknolle (ca. 400 g)
2	Karotten
1	Gelbrübe
1	Lauchstange
1	Zwiebel
ein paar	Thymianzweige
2 EL	Olivenöl
	Salz
	Schwarzer Pfeffer

FÜR DEN BRATEN:

2	Zwiebeln
4 EL	Butter
2	Knoblauchzehen
700 g	Rinder-Hackfleisch
125–200 ml	Suppenbrühe oder Wasser
1	Ei
	Salz
	Schwarzer Pfeffer
1 TL	Majoran
1 Msp.	Cayennepfeffer
200 g	Semmelbrösel

ZUBEREITUNGSZEIT:
25 Minuten

SERVIERFERTIG:
1h 15 Minuten

Backofen auf 190 °C Umluft vorheizen. Für das Ofengemüse Sellerie schälen und in grobe Stücke schneiden. Karotten und Gelbrüben schälen, halbieren und Stücke längs vierteln. Lauch waschen, längs halbieren und in ca. 4 cm lange Stücke schneiden. Zwiebel schälen und achteln. Das geschnittene Gemüse in den Bräter (Ofenform) geben, mit Olivenöl marinieren und mit Salz und Pfeffer würzen. Thymianzweige rundherum legen.

Für den Braten Zwiebel schälen und ganz fein schneiden. Die Hälfte der Butter in einer Pfanne erhitzen und Zwiebeln darin glasig dünsten.

Knoblauch schälen und sehr fein hacken. Zwiebel, Knoblauch, Hackfleisch, Ei, Salz, Pfeffer, Majoran und Cayennepfeffer in eine Schüssel geben und mit den Händen zu einer Masse kneten. Semmelbrösel hinzugeben und nochmals gut durchkneten.

Masse zu einem Braten (etwa wie ein Brotlaib) formen.

Restliche Butter erneut in der Pfanne erhitzen und Braten rundum ca. eine Minute heiß anbraten. Den Bratenrückstand in der Pfanne mit der Suppenbrühe oder Wasser aufkochen und in eine Tasse gießen.

Den Braten sogleich auf das Gemüse in der Ofenform legen. Das Gemüse mit dem Fond aus der Tasse begießen. Je nach Bräunung des Gemüses immer wieder etwas Brühe oder Wasser zugießen, damit alles saftig bleibt. Braten im Ofen bei mittlerer Hitze (160–180 Grad) ca. 50 Minuten schmoren lassen. Nach der Bratzeit in Scheiben schneiden und mit Gemüse servieren. Schmeckt herrlich mit Kartoffelpüree (siehe Rezept S. 111)

LÄNDLE BURGER

Für 4 Personen

FÜR DIE FLEISCHLAIBCHEN:

600 g	Rinderhackfleisch
½	Zwiebel
1	Knoblauchzehe
2 EL	frische Thymianblätter
1–2 EL	Worcestershire Sauce
1–2 TL	Salz
	Schwarzer Pfeffer

FÜR DEN BURGER:

4	Kopfsalatblätter
1	Handvoll Rucola
1	Rispentomate
4	Essiggurken
1	Schalotte
4 TL	Ketchup
4 TL	Mayonnaise
4	Pärle (Schweizer, Bürli', Kümmelbrot)
4 EL	Lustenauer Senf
8	Scheiben Vorarlberger Bergkäse

ZUBEREITUNGSZEIT UND SERVIERFERTIG:
35 Minuten

Fleisch eine halbe Stunde vor dem Verarbeiten aus dem Kühlschrank nehmen. In der Zwischenzeit alle Zutaten abgesehen von den Fleischlaibchen für den Burger vorbereiten.

Salat und Rucola waschen und trockenschütteln. Tomate waschen, Stielansatz entfernen und in feine Scheiben schneiden. Essiggurken längs in feine Scheiben schneiden. Schalotte schälen, fein schneiden, mit Ketchup und Mayonnaise vermengen und anschließend auf die Seite stellen.

Nun für die Fleischlaibchen Zwiebel und Knoblauch schälen und beides fein schneiden. Hackfleisch mit Zwiebel und Knoblauch, Thymian, Worcestershire Sauce, Salz und Pfeffer sorgfältig vermengen. Falls die Laibchen nicht sofort gegrillt werden, diese erst kurz vor dem Grillen salzen.

Um die Laibchen zu formen, ein Blech oder Schneidebrett mit Backpapier belegen und Fleisch in vier gleich großen Portionen darauf verteilen. Backpapier auf die Fleischportionen legen und mit einem Teller ca. 2 cm flach drücken.*

Brot im Ofen oder auf dem Grill toasten. Fleischlaibchen ohne Fett in einer beschichteten Pfanne oder auf einem Grill bei mittlerer bis hoher Hitze 2 1/2 Minuten (Medium) von jeder Seite braten.

Bergkäse entweder direkt auf das Fleisch geben und leicht schmelzen lassen oder später in den Burger geben.

Untere Brothälften mit der Ketchup-Mayo-Mischung bestreichen. Dann mit Bergkäse (falls nicht bereits auf dem Laibchen geschmolzen), Salat und Rucola, Fleischlaibchen, Senf, den gesalzenen Tomatenscheiben und den Essiggurken belegen. Die zweite Brothälfte darauflegen und Burger servieren.

***TIPP:**
SIND DIE PATTIES ZU DÜNN, EIGNEN SIE SICH NICHT FÜR DEN GRILL UND BRECHEN BEIM WENDEN GERN. FLEISCH AM BESTEN SO WENIG WIE MÖGLICH BEARBEITEN UND KEINESFALLS MIT WARMEN HÄNDEN IN FORM KNETEN, DA DAS DIE LAIBCHEN FEST MACHT.

MOSTBRÖCKLE-SANDWICH

Für 4 Sandwiches

ZUTATEN:

200 g	Weißkraut
1	Karotte
½	Zwiebel
1	Zitrone
2 TL	Zucker
	Salz
	Pfeffer
1 EL	Weißweinessig
1 EL	Sauerrahm
120 g	Mayonnaise
1 EL	Balsamicoessig
500 g	Mostbröckle
8	Essiggurken
8 Scheiben	Roggen-Sauerteigbrot
8 Scheiben	Bergkäse
	nach Belieben

ZUBEREITUNGSZEIT UND SERVIERFERTIG:
30 Minuten

Angelehnt an das berühmte Pastrami-Sandwich, wird für dieses Sandwich Mostbröckle verwendet. Dies ist ein exklusives und sehr mageres Stück aus dem Rücken vom Rind, ähnlich dem Bündner Fleisch oder dem Mostbröckli der Schweizer Nachbarn. Nach einer alten Überlieferung kommt der Name daher, dass man es gerne als Leckerbissen zum Most verzehrt hat.

Weißkraut in feine Scheiben schneiden oder fein hobeln. Karotte schälen, waschen und in dünne Stifte schneiden. Zwiebel schälen und fein würfeln. Zitrone halbieren und auspressen.

Die Hälfte des Zuckers, Salz, Pfeffer, Weißweinessig, Sauerrahm, die Hälfte des Zitronensaftes und 2/3 der Mayonnaise in einer Schüssel vermengen. Kraut, Karotten und Zwiebeln dazugeben und alles gut vermengen (am besten mit den Händen kneten). Krautsalat etwas ziehen lassen.

Restliche Mayonnaise, Zucker und Zitronensaft sowie Balsamicoessig verrühren und als Dressing beiseitestellen.

Mostbröckle in hauchdünne Scheiben schneiden. Essiggurken längs in Scheiben schneiden. Brotscheiben in einem Kontaktgriller oder einer Pfanne beidseitig knusprig toasten. Auf der Hälfte der Brotscheiben etwas Dressing verstreichen. Mostbröckle sowie Essiggurken darauf verteilen sowie nach Belieben je zwei Scheiben Bergkäse. Krautsalat daraufgeben und noch etwas Dressing darüberträufeln. Nun die andere Hälfte der Brotscheiben darauflegen und Sandwiches servieren.

RINDSVÖGELE MIT GRUMPORAPÜREE

(RINDSROULADEN MIT KARTOFFELPÜREE)

Für 4 Personen

FÜR DIE RINDSROULADEN:

4	Rindsschnitzel (à 200 g)
70 g	Karotten
70 g	Knollensellerie
6	Essiggurken
3	Zwiebeln
	Salz
	Schwarzer Pfeffer
4 TL	Lustenauer Senf
8 Scheiben	Frühstücksspeck
4 EL	Sonnenblumenöl
400 ml	Rindssuppe
6	Kapern
	Frischhaltefolie
	Küchengarn oder Zahnstocher

FÜR DAS KARTOFFELPÜREE:

6	Kartoffeln (mittelgroß und mehlig)
400 ml	Milch
30 g	Butter
1 Msp.	Muskatnuss
	Salz
	Pfeffer
	frischer Schnittlauch

GLUTENFREI

ZUBEREITUNGSZEIT:
30 Minuten

SERVIERFERTIG:
ca. 1 Stunde

Rindsrouladen, oft auch „Rindsvögele" genannt, sind ein beliebtes und herzhaftes Fleischgericht in Österreich. Den Namen haben die kleineren Rouladen – es gibt sie auch mit Kalbfleisch und heller Sauce – von ihrer Form, die an einen kleinen Vogel erinnert. Wenn man würfelig geschnittenes Wurzelgemüse, Sellerie, Karotten und Lauch zusammen mit den Fleischrouladen schmort, erhält man mehr und reichhaltigere Sauce und eine schmackhafte Gemüsebeilage.

Fleisch 30 Minuten vor der Zubereitung aus der Kühlung nehmen. Karotten schälen und in dünne Stifte (Julienne) schneiden. Knollensellerie schälen und ebenso wie die Essiggurken stifteln. Zwiebel schälen und fein schneiden.

Rindsschnitzel mit Frischhaltefolie bedecken und mit dem Fleischklopfer (flache Seite) oder mit einem Plattiereisen dünn ausklopfen. Schnitzel mit Salz und Pfeffer würzen und jeweils mit 1 TL Senf bestreichen. Auf jedes Schnitzel 2 Scheiben Frühstücksspeck legen und mit Gemüse- und Gurkenstreifen belegen. Die Schnitzel an den Seiten einschlagen und mit der Fülle aufrollen zu festen Rindsvögelen. Die Rouladen mit Küchengarn oder mit zwei Zahnstochern fixieren.

Nun das Öl in einer Pfanne erhitzen und die Rouladen kurz von allen Seiten anbraten. Innen sollten sie noch rosa bleiben. Rouladen zwischenzeitlich auf die Seite stellen und entstandene Bratrückstände für die Sauce nutzen.

Geschnittene Zwiebeln im Bratenrückstand ca. 2–3 Minuten gleichmäßig, nicht zu dunkel braten. Rouladen auf die Zwiebeln legen, das Ganze mit der Suppe übergießen, Kapern hinzugeben und zugedeckt bei mittlerer Hitze ca. 30–45 Minuten schmoren lassen.

Für das Püree Kartoffeln schälen und grob würfeln. Leicht gesalzenes Wasser zum Kochen bringen. Kartoffeln in das kochende Wasser geben und zugedeckt ca. 20–25 Minuten weichkochen. Für das Püree die Milch mit der Butter in einem Topf aufkochen lassen. Kartoffeln mit der Milch verrühren, mit einem Kartoffelstampfer zerdrücken und das Püree mit einem Schneebesen flaumig rühren. Mit Muskatnuss, Salz und Pfeffer abschmecken.

Rindsvögele vor dem Servieren von Kochfaden oder Zahnstochern befreien, mit Sauce umkränzen und mit Kartoffelpüree und frischem Schnittlauch garniert servieren.

HAFOLOAB-BURGER MIT SCHWISBROTO UND SURA RÄBA

(HAFENLAIB-BURGER MIT SCHWEINS-BRATEN UND SAUREN RÜBEN)

Für 4 Personen

ZUTATEN:

1 ½ kg	Schopf, Schulter oder Karree vom Schwein
	Salz
	Pfeffer
2 TL	Kümmelsamen, ganz
5–10	Knoblauchzehen
	Rindssuppe zum Aufgießen
	Hafenlaib (siehe Rezept S. 132, altes Rezept)
	saure Rüben (siehe Rezept S. 131)
	Röstzwiebeln (siehe Rezept S. 181)
4	Holzspieße

ZUBEREITUNGSZEIT:
40 Minuten

SERVIERFERTIG:
ca. 2 Stunden

TIPP:
IN DEN „BURGER" PASST PREISELBEERMARMELADE AUCH SEHR GUT.

Fleisch waschen und mit Küchenpapier trockenreiben; mit Salz, Pfeffer und Kümmel kräftig würzen und einreiben. Knoblauch schälen und sehr fein schneiden oder pressen. Fleisch gleichmäßig damit einreiben. Feine Schnitte ins Fleisch können auch mit dünnen Knoblauchscheibchen gespickt werden. Das Bratenteil so über Nacht oder wenigstens ein paar Stunden durchziehen lassen.

Bräter (Ofenform) fingerdick mit kochendem Wasser bedecken, Braten mit der Schwarte nach unten hineinlegen und ein paar Minuten ziehen lassen. Anschließend herausnehmen und Schwarte leicht einschneiden (nicht zu tief).

Backofen auf 180 °C Ober-/Unterhitze vorheizen. Wasser aus dem Bräter gießen und fingerdick Rindssuppe unter das Fleisch gießen. Nun dieses mit der Schwarte nach unten ca. 1 1/2 bis 2 Stunden braten.

Nach ca. 1 Stunde das Fleisch wenden, damit die Schwarte knusprig braun wird. Das Ganze mit etwas Rindssuppe angießen und eine weitere Stunde braten. Zwischendurch immer wieder mit Rindssuppe angießen.

In der Zwischenzeit Hafenlaib laut Rezept zubereiten: Aus der Masse einen festen, rundlichen Laib bzw. Serviettenknödel formen, dafür die Masse in einem frischen Baumwoll-Geschirrtuch leicht rollen und je nach Konsistenz mit oder ohne Tuch in Salzwasser weichkochen. Wichtig ist, dass die Rolle nicht bricht. Den fertig gekochten Laib im warmen Ofen etwas ruhen lassen, dann in 1-2 cm dicke Scheiben schneiden. Damit sie schön rund sind, mit einem Kreisausstecher perfektionieren.

Saure Rüben und geröstete Zwiebeln ebenfalls laut Rezept zubereiten. Schweinsbraten aus dem Ofen nehmen und davon 1-2 cm dicke Scheiben schneiden.

Schweinsbraten und etwas Sauce auf die Hafenlaib-Böden geben, Saure Rüben und Röstzwiebel darauftürmen und mit dem Hafenlaib-Deckel abschließen. Mit einem Holzspieß fixieren.

WURSTNUDLA
(WURSTNUDELN)

Für 4 Personen

ZUTATEN:

600 g	Hörnchen-Nudeln
2	kleine Zwiebeln
2	Schüblinge (Knacker)
2	Landjäger
100 g	Vorarlberger Alpspeck
1–2 EL	Butter
	Salz
	frisch gemahlener Pfeffer
	frische Petersilie

ZUBEREITUNGSZEIT:
25 Minuten

SERVIERFERTIG:
25 Minuten

Wurstnudeln sind ein klassisches Resteessen – man kann deshalb auch andere Wurst- und Specksorten verwenden.

Leicht gesalzenes Wasser für die Hörnchen (Nudeln) zum Kochen bringen.

In der Zwischenzeit Zwiebel schälen und fein schneiden. Schüblinge, Landjäger und Speck klein schneiden.

Hörnchen in das kochende Wasser geben und bissfest kochen.

Butter in einer Pfanne erhitzen und Zwiebeln darin anschwitzen. Geschnittene Wurst hinzugeben und alles für ein paar Minuten anrösten.

Hörnchen abgießen und in die Wurstpfanne geben. Mit Salz und Pfeffer würzen und gut durchschwenken. Mit frischer Petersilie oder Schnittlauch garniert servieren.

TIPP:
DAZU PASST EIN GRÜNER SALAT SEHR GUT.

GSCHMORTA ZWIEBOLROSTBROTO MIT ROTWISOSS

(GESCHMORTER ZWIEBELROSTBRATEN MIT ROTWEINSAUCE)

Für 4 Personen

FÜR DIE ROSTBRATEN:

4 Scheiben	Rostbraten (Beiried, 700–800 g, ca. 1–2 cm dick geschnitten)
	Salz
	Pfeffer
ca. 50 g	Mehl zum Wenden
2	mittelgroße Zwiebeln
1	Knoblauchzehe
2 EL	Butterschmalz
200 ml	Rotwein
350 ml	Rindssuppe
1–2 EL	Mehl oder Maizena nach Belieben

FÜR DIE BRATKARTOFFELN:

ca. 700 g	Kartoffeln, festkochend
40 g	Butterschmalz
	Salz und Pfeffer

FÜR DIE SPECKBOHNEN:

500 g	grüne Stangenbohnen
8	Scheiben Schinkenspeck (ca. 150 g)
1–2 EL	Butter
1 Prise	Salz

FÜR DIE RÖSTZWIEBELN:
siehe Rezept S. 181

AUSSERDEM:
frischer Schnittlauch

ZUBEREITUNGSZEIT: 45 Minuten
SERVIERFERTIG: 1 Stunde

Zwiebelrostbraten macht jeder ein bisschen anders und er ist kein typisches Vorarlberger Essen, wird aber auch hierzulande gerne geschmaust. Für diese Variante wird der Rostbraten 50 bis 60 Minuten in der Rotweinsauce geschmort und dadurch butterweich. Deshalb eignet sich dieses Rezept ideal für eine Essenseinladung. Für die eher klassische Zubereitung nach Wiener Art, wird das Fleisch nur kurz angebraten, sodass es innen noch leicht rosa ist.

Rostbratenscheiben waschen, trockentupfen und anschließend leicht klopfen. Mit Salz und Pfeffer würzen und in Mehl wenden. Fleisch an den Rändern leicht einschneiden, damit es beim Braten nicht aufwellt. Zwiebeln und Knoblauch schälen und beides fein würfelig schneiden. Butterschmalz in einer Pfanne erhitzen und Rostbraten beidseitig kurz anbraten. Zwiebel und Knoblauch hinzugeben, kurz mitbraten und das Ganze mit Rotwein ablöschen. Rindssuppe hinzugießen, alles mit Salz und Pfeffer würzen und das Fleisch bei niedriger Hitze (am besten mit Deckel) ca. 50–60 Minuten schmoren lassen.

Leicht gesalzenes Wasser für die Kartoffeln und in einem separaten Topf für die Bohnen zum Kochen bringen. Kartoffeln schälen und zugedeckt ca. 30–40 Minuten weichkochen. In der Zwischenzeit Bohnen waschen und Spitzen und Enden abschneiden. Bohnen ca. 12–15 Minuten bissfest kochen. Röstzwiebeln nach Angabe auf S. 181 zubereiten. Bohnen kalt abschrecken und zu acht Bündeln zusammenfassen. Jedes Bündel fest mit Speck umwickeln. Butter in der Pfanne erhitzen und Bohnenbündel darin rundherum goldbraun anbraten und salzen.

Gekochte Kartoffeln in Scheiben schneiden. Butterschmalz in einer großen Pfanne erhitzen und die Kartoffelscheiben salzen und rundum goldbraun und knusprig braten.

Fleisch aus der Pfanne nehmen und kurz zur Seite stellen. Die entstandene Sauce aus der Pfanne durch ein Sieb in eine weitere, angewärmte Pfanne gießen und darin kurz aufkochen lassen. Bei Bedarf mit etwas Mehl oder Maizena eindicken. Nach Belieben die Sauce erneut mit Salz und Pfeffer würzen.

Schnittlauch waschen, trockenschütteln und in feine Röllchen schneiden. Fleisch auf Tellern mit der Bratensauce, den Röstzwiebeln, Speckbohnen und den Bratkartoffeln anrichten. Frischen Schnittlauch darübergeben.

GRUMPORAKRAPFO
(KARTOFFELKRAPFEN)

Für 4 Personen

ZUTATEN:

200 g	Kartoffeln
1	Zwiebel
½ Bund	Petersilie
2 EL	Butterschmalz
250 g	Hackfleisch, Rind und Schwein gemischt
1–2 EL	Semmelbrösel
1	Ei
	Salz
	Pfeffer
150 g	Mehl
reichlich	Öl zum Frittieren
750 g	Sauerkraut

ZUBEREITUNGSZEIT:
35 Minuten

SERVIERFERTIG:
35 Minuten

Leicht gesalzenes Wasser für die Kartoffeln zum Kochen bringen. Kartoffeln schälen und weichkochen. Anschließend reiben.

Zwiebel schälen und fein schneiden. Petersilie waschen, trockenschütteln, Blätter abzupfen und fein hacken. Butterschmalz in einer Pfanne erhitzen und Zwiebel darin mit der Petersilie anschwitzen.

Geriebene Kartoffeln, Hackfleisch, Semmelbrösel und ein Ei in eine Schüssel geben. Zwiebel und Petersilie hinzugeben, mit Salz und Pfeffer abschmecken und alle Zutaten gut vermischen.

Backofen auf 180 °C Umluft vorheizen. Aus der Masse Krapfen formen. Öl in einem großen Topf erhitzen. Krapfen rundum in Mehl wenden und im Fett auf beiden Seiten schön gelb frittieren. Kartoffelkrapfen herausheben, auf Küchenpapier abtropfen lassen.

Kartoffelkrapfen auf ein mit Backpapier belegtes Blech legen und im Ofen ca. 10 Minuten fertig garen. In der Zwischenzeit Sauerkraut zubereiten. Kartoffelkrapfen auf Tellern mit Sauerkraut anrichten und servieren.

LUSCHTNOUAR KRUTFLEISCH

(LUSTENAUER KRAUTFLEISCH)

Für 4 Personen

ZUTATEN:

750 g	magerer Schweinsbauch
1	mittelgroße Zwiebel
2	Knoblauchzehen
3 EL	Öl
20 g	Paprikapulver (edelsüß)
1 TL	Essig
1	Lorbeerblatt
2 Stk.	Wacholderbeeren
500 g	Sauerkraut
	Salz
	Pfeffer
600 g	Kartoffeln
1 EL	Maisstärke

GLUTENFREI

ZUBEREITUNGSZEIT:
20 Minuten

SERVIERFERTIG:
1 h 35 Minuten

Schweinsbauch in portionsgerechte Stücke schneiden (ca. 2 cm dicke Scheiben).

Zwiebel und Knoblauchzehen schälen und fein schneiden. Öl in einem Topf erhitzen und Zwiebel, Knoblauch sowie Fleisch darin goldgelb rösten. Hitze reduzieren und Paprikapulver einrühren und mit anschwitzen. Das Ganze mit Essig ablöschen und mit Wasser bedeckt aufgießen. Lorbeerblatt und Wacholderbeeren dazugeben.

Das Ganze zugedeckt ca. 30 Minuten köcheln lassen. Nun Sauerkraut hinzugeben und weitere 45 Minuten dünsten. Mit Salz und Pfeffer würzen.

Leicht gesalzenes Wasser für die Kartoffeln zum Kochen bringen. Nun diese schälen und ca. 30 Minuten kochen, bis sie bissfest sind.

Maisstärke mit etwas kaltem Wasser anrühren und das fertig gegarte Krautfleisch damit binden. Kartoffeln abgießen und salzen.

Krautfleisch auf Tellern mit Salzkartoffeln anrichten.

Bodosee- & Bergbachfisch

(BODENSEE- UND BERGBACHFISCHE)

BODOSEEFORELLA MIT BÄRLAUCHRISOTTO
(BODENSEE-FORELLE MIT BÄRLAUCHRISOTTO)

Für 2 Personen

ZUTATEN:

1	Zwiebel
1	Knoblauchzehe
2 EL	Olivenöl
220 g	Risottoreis
300 ml	Weißwein, trocken
725 ml	Gemüsesuppe
	Salz
	Pfeffer
ca. 400 g	Forellenfilets
1–2 EL	Öl
90 g	Bärlauch
45 g	Butter
45 g	Parmesan, gerieben

Optional: Cherrytomaten

GLUTENFREI

ZUBEREITUNGSZEIT UND SERVIERFERTIG:
30–35 Minuten

Zwiebel und Knoblauchzehe schälen und beides fein schneiden. Olivenöl in einem Topf erhitzen und Zwiebel darin anschwitzen. Risottoreis und Knoblauch hinzugeben und kurz mitdünsten.

Das Ganze mit Weißwein ablöschen und so lange rühren und kochen lassen, bis der Wein vom Reis fast vollständig aufgesaugt ist. Nun die Hälfte der Gemüsesuppe hinzugießen und unter Rühren fast völlig vom Risottoreis aufsaugen lassen.

Anschließend die zweite Hälfte der Gemüsesuppe hinzugeben und unter Rühren erneut vom Reis aufsaugen lassen. Mit Salz und Pfeffer würzen.

Forellenfilets salzen und Öl in einer Pfanne erhitzen. Forellenfilets auf der Hautseite mit wenig Fett, nicht zu heiß und langsam braten. Durch das langsame Braten ist es nicht notwendig, den Fisch zu wenden. Sobald die Fische durchgezogen sind und die Mitte des Fleisches noch glasig ist, sind sie fertig.

Bärlauch waschen, trockenschütteln, in feine Streifen schneiden und unter das Risotto rühren. Man kann den Bärlauch auch pürieren und unterrühren.

Butter und geriebenen Parmesan unter das Risotto rühren und erneut abschmecken. Zum Schluss Bärlauchrisotto und Forellenfilets auf Tellern anrichten und Zitronenscheiben dazu servieren.

TIPP:

DA BÄRLAUCH LEIDER NUR KURZE ZEIT IM JAHR VERFÜGBAR IST, KANN MAN STATTDESSEN AUCH SPINAT ODER MANGOLD VERWENDEN – EIN HERRLICHES SOMMERGERICHT!

WUNDERBAR SCHMECKT ES AUCH MIT CHERRYTOMATEN: DIESE DAFÜR AUF DER UNTERSEITE KREUZFÖRMIG EINSCHNEIDEN, DANN BUTTER IN EINER PFANNE ERHITZEN UND DIE CHERRYTOMATEN MIT ETWAS KNOBLAUCH ANBRATEN UND GEMEINSAM MIT DEM BÄRLAUCHRISOTTO ANRICHTEN.

FELCHEN NACH BREAGENZAR ART
(FELCHEN NACH BREGENZER ART)

Für 2 Personen

ZUTATEN:

1	mittelgroße Zwiebel
100 g	Champignons
2	Rispentomaten
2 EL	Butter
50 g	Perlzwiebeln
15 g	Kapern, klein
1	Zitrone
	Salz
	Pfeffer
120 ml	Weißwein
1 TL	Maizena
4	kleine Felchenfilets
2 EL	Öl
1 EL	Butter
	Zitronenmelisse

GLUTENFREI

ZUBEREITUNGSZEIT UND SERVIERFERTIG:
30 Minuten

Felchen sind Süßwasserfische und typische Bodenseebewohner. Sie werden in der Vorarlberger Region Felchen genannt, in Bayern und Ostösterreich kennt man sie besser als Renken oder Reinanken.

Zwiebel schälen und fein schneiden. Champignons säubern und klein schneiden. Tomaten waschen, Stielansatz keilförmig herausschneiden und klein schneiden.

Butter in einer Pfanne erhitzen und Zwiebeln darin anschwitzen. Champignons und Tomatenwürfel hinzugeben und ebenfalls anschwitzen. Perlzwiebeln, Kapern sowie Schale und Saft einer halben Zitrone hinzufügen. Mit Salz und Pfeffer würzen. Das Ganze zugedeckt einmal aufkochen lassen.

Einen Schuss Weißwein mit Maizena anrühren und zur Champignon-Tomatensauce geben. Nun das Ganze mit dem restlichen Weißwein aufgießen und erneut kurz aufkochen lassen.

Fisch säubern, salzen und mit dem restlichen Zitronensaft beträufeln. Öl und Butter in einer weiteren Pfanne erhitzen und Fisch auf der Hautseite ca. 5 Minuten braten (Umdrehen ist nicht wirklich notwendig).

Sauce auf Tellern anrichten, Felchenfilets darüberlegen und mit Zitronenmelisse garniert servieren. Dazu passen Weißbrot oder Salzkartoffeln sehr gut.

TIPP:
AUFGRUND SEINER GROBEN SCHUPPENSTRUKTUR UND DER FETTFLOSSE EMPFIEHLT ES SICH, DIE HAUT UND FLOSSEN DES FISCHES ZU ENTFERNEN.

GFÜLLTE FORELLA
(GEFÜLLTE FORELLEN)

Für 4 Personen

ZUTATEN:

4	küchenfertige Forellen à ca. 300 g
1	Zitrone
	Salz
1-2 EL	Öl
1	kleine Zwiebel
⅓ Bund	Petersilie
200 g	Champignons
30 g	Butter
200 ml	Weißwein
30 g	Kapern
3-4 EL	Fischfond
40 g	Semmelbrösel

ZUBEREITUNGSZEIT:
30 Minuten

SERVIERFERTIG:
45 Minuten

Forellen säubern, Zitrone pressen und Forellen mit der Hälfte des Zitronensafts beträufeln und kurz vor der Zubereitung salzen. Öl in einer Pfanne erhitzen und Forellen beidseitig kurz anbraten. Fische zwischenzeitlich auf die Seite geben.

Zwiebel schälen und fein schneiden. Petersilie waschen, trockenschütteln und fein hacken. Champignons säubern und fein blättrig schneiden.

Butter in einer Pfanne erhitzen und Zwiebel darin anschwitzen. Petersilie hinzugeben und Champignons so lange weiterdünsten, bis kein Saft mehr in der Pfanne ist. Mit Weißwein ablöschen und etwas einkochen lassen. Das Ganze salzen, Kapern sowie restlichen Zitronensaft hinzugeben.

Fischfond sowie Semmelbrösel unterrühren und alles zu einer halbfesten Fülle verarbeiten.

Backofen auf 180 °C Umluft vorheizen. Fülle in die Bauchhöhle der Forellen streichen und im vorgeheizten Ofen ca. 12 Minuten fertig garen.

TIPP:
DAZU PASSEN PETERSIL-, SALZ- ODER OFENKARTOFFELN SEHR GUT.

Zuospeis, Krut & Räba

(BEILAGEN, KRAUT & RÜBEN)

SURA RÄBA
(SAURE RÜBEN)

Für 4 Personen

ZUTATEN:

1 kg	saure Rüben
1 TL	Kümmel
	Salz
1–2	große Zwiebeln
1 EL	Butterschmalz
2 EL	glattes Mehl
	Butter
	Pfeffer

ZUBEREITUNGSZEIT: 15 Minuten
SERVIERFERTIG: 45 Minuten

TIPP:
NOCH BESSER SCHMECKT DAS GERICHT, WENN MAN EIN STÜCK SELCHFLEISCH MITKOCHT.

* WENN MAN DIE RÜBEN ZU LANGE WEICHKOCHT, WERDEN SIE DUNKEL.

Saure Rüben sind Herbstrüben (Halmrüben), die ähnlich wie Sauerkraut durch Milchsäuregärung konserviert werden. Sie gehören zu den Sauergemüsen. In Vorarlberg isst man sie am liebsten zu Schweinsbraten mit Hafoloab oder zu einer Kalbsbratwurst.

Leicht gesalzenes Wasser oder Gemüsebrühe in einem Topf erhitzen. Saure Rüben sowie Kümmel dazugeben und zugedeckt bei geringer Hitze ca. 30–40 Minuten köcheln lassen (sie sollen noch Biss* haben). Während des Kochens mit einer Gabel immer wieder auflockern und evtl. etwas leichte Suppe oder Wasser nachgießen.

Zwiebel schälen und fein hacken. Butterschmalz in einer Pfanne erhitzen und Zwiebeln darin glasig anschwitzen. Die Hälfte der Zwiebel herausnehmen und beiseitestellen. Mehl zur anderen Hälfte der Zwiebeln in der Pfanne hinzugeben und zu einer leichten Einbrenn rösten. Diese unter die Rüben mischen und zusammen erneut gut durchkochen lassen. Inzwischen die andere Hälfte der Zwiebeln in Butter hellbraun rösten. Am Schluss die Rüben mit Salz und Pfeffer abschmecken und mit den gerösteten Zwiebeln garnieren.

SÜOSSE RÄBA
(SÜSSE RÜBEN)

Für 4 Personen

ZUTATEN:

1 kg	Weiße Rüben
1	kleine Zwiebel
100 g	magerer Bauchspeck
50 g	Butterschmalz
50 g	Zucker
200 ml	Most oder Weißwein
	Salz
	Weißer Pfeffer

ZUBEREITUNGSZEIT: 15 Minuten
SERVIERFERTIG: *45 Minuten*

Rüben schälen, waschen und in kleine Stäbchen schneiden. Zwiebel schälen und fein schneiden. Bauchspeck in Würfel schneiden. Butterschmalz in einer Pfanne erhitzen und Zwiebeln darin mit Zucker goldgelb rösten. Bauchspeck hinzugeben und kurz weiterrösten. Mit Weißwein oder Most ablöschen und die klein geschnittenen Weißen Rüben dazugeben. Bei Bedarf etwas Wasser hinzugeben, würzen und auf kleiner Flamme langsam weich dünsten.

SERVIERTIPP:
PASST SEHR GUT ZU SELCHFLEISCH, SCHWEINSRÜCKEN ODER GERÄUCHERTEN RIPPLE.

HAFOLOAB
(HAFENLAIB)

Für 4 Personen

FÜR DAS ALTE REZEPT:

300 g	Maismehl oder Maisgrieß
300 g	Weizenmehl
	Salz
	Rindssuppe

FÜR DAS NEUE REZEPT:

160 g	Maismehl
160 g	Weizenmehl
160 g	Semmelbrösel
	Salz

FÜR DAS ALTERNATIVE REZEPT:

100 g	Maisgrieß (oder Weizengrieß)
120 g	Mehl
160 g	Semmelbrösel
1	Kartoffel, gekocht und passiert
	Salz
1 Msp.	Muskatnuss, gerieben
	Milch oder Rindssuppe
1–2	Eier

ZUBEREITUNGSZEIT:
10 Minuten

SERVIERFERTIG:
1 Stunde 10 Minuten

„Hafoloab" ist ein vielseitiges, althergebrachtes Rezept, das vor allem in den Hofsteiggemeinden (Schwarzach, Wolfurt, Hard, Lauterach, Bildstein, Buch) gegessen wurde und wird; und das als Fastengericht oder auch als Beilage z. B. zu Fleischgerichten verwendet werden kann. Das Word „Hafa" kommt von Hafen, sprich Kochtopf, da das Gericht darin gekocht wird. „Loab" bedeutet Laib, aufgrund der Form der Speise. Es gibt dazu ein altes Rezept, ein neues und ein alternatives Rezept.

ZUBEREITUNG ALTES UND NEUES REZEPT:
Die Mehlsorten in einer Schüssel mit Salz mischen und so viel kochende Rindssuppe hinzugießen, bis ein mittelfester Teig entsteht. Zutaten vermischen, aber nicht kneten.

Mit nassen Händen aus der Masse mehrere walzenförmige Laibe bzw. „Weggle" formen (Durchmesser ca. 5 cm).

Leicht gesalzenes Wasser zum Kochen bringen und die Hafenleibe ca. 45–60 Minuten darin kochen (ziehen lassen).

Die Hafenlaibe werden in Scheiben geschnitten und entweder als Beilage zu Schweinsbraten und Sura Räba (siehe Rezept S. 131) serviert oder die geschnittenen Scheiben werden in Gerstensuppe gelegt (siehe Rezept S. 37).

ZUBEREITUNG ALTERNATIVES REZEPT:
Maisgrieß, Mehl, Semmelbrösel, Kartoffel und Gewürze in eine Schüssel geben und mit so viel heißer Suppe oder Milch begießen, bis ein fester Teig entsteht.

Das Ganze überkühlen, Eier hinzugeben und erneut durcharbeiten. Aus der Masse mit einem Löffel längliche „Weggle" formen und in einer Gerstensuppe (siehe Rezept S. 37) ca. 45 Minuten ziehen lassen.

SUTT

Für 4 Personen

ZUTATEN:

1 kg	speckige Kartoffeln
1	kleine rote Zwiebel
250 g	Topfen
2 EL	Milch
	Salz
	Pfeffer
2 TL	Paprikapulver
⅓ Bund	Schnittlauch
⅓ Bund	Dille

ZUM SERVIEREN:

	Salz
4 TL	Kümmelsamen
100 g	kalte Butter
	verschiedene Käsesorten wie Sauerkäse, Räßkäse, Tilsiter, Romadur, Camembert

ZUBEREITUNGSZEIT UND SERVIERFERTIG:
30 Minuten

Sutt ist eine vollwertige Hauptmahlzeit und ist eigentlich nichts anderes als die bekannten Pellkartoffeln.

Leicht gesalzenes Wasser für die Kartoffeln zum Kochen bringen. Diese mit der Schale kochen bis sie weich sind.

In der Zwischenzeit für den Kräuteraufstrich Zwiebel schälen und fein schneiden. Topfen und Milch miteinander verrühren, bis eine cremige Masse entsteht. Zwiebeln unterrühren und mit Salz, Pfeffer, Paprikapulver und den gehackten Kräutern würzen.

Kartoffeln mit der Schale servieren, denn jeder schält seine Kartoffeln selbst oder isst sie mit der Schale. Kartoffeln salzen und Kümmel daraufgeben. Kräuteraufstrich, Käse und kalte Butter dazu reichen.

SERVIERTIPP:
FRÜHER HAT MAN GERNE KALTE MILCH ODER FRISCHEN MOST ZU SUTT SERVIERT.

Süoße Speisa

(SÜSSE SPEISEN)

BACHENE MÜS
(GEBACKENE MÄUSE)

Für 6 Portionen

ZUTATEN:

300 g	Mehl
20 g	frische Hefe
30 g	Butter
40 g	Zucker
1 Prise	Salz
125 ml	lauwarme Milch
	Maiskeimöl zum Rausbacken

ZUBEREITUNGSZEIT UND SERVIERFERTIG:
30 Minuten (ohne Gehzeit)

Alle Zutaten vermengen und zu einem weichen Hefeteig (Zubereitung Hefeteig, siehe Buchteln, S. 145) verkneten. Teig an einem warmen Ort ca. 30–60 Minuten gehen lassen (bis er doppelt so hoch ist).

Öl in einem großen Topf erhitzen. Aus dem Teig mit einem Löffel Nockerl stechen und im heißen Fett goldgelb herausbacken. „Bachene Müs" herausheben, auf Küchenpapier abtropfen lassen.

Warm und mit Staubzucker bestreut servieren.

TIPP:
NACH BELIEBEN KANN MAN RUM-ROSINEN UNTER DEN TEIG MISCHEN: 20 G ROSINEN IN 1 TL RUM GETUNKT.

BIORAKRATZAT
(BIRNEN-SCHMARREN)

Für 4 Personen

ZUTATEN:

3	Birnen
8	Eier
	Salz
250 ml	Milch
ca. 120 g	Mehl
50 g	Rosinen nach Belieben
2 EL	Butter

ZUBEREITUNGSZEIT UND SERVIERFERTIG:
25 Minuten

Der Begriff Schmarren hat sich in Vorarlberg nie richtig eingebürgert und wird hierzulande „Kratzat", „Tosche", „Pflutter", „Pflüttere", „Stopfar" oder „Säer" genannt. Im Montafon und in den Walsertälern wird der „Kratzat" „Koch" genannt – hierfür verwendet man nur Weizen- oder Roggenmehl und je nachdem heißt er dann „roggener Koch" oder „weizener Koch".

Birnen waschen, halbieren, entkernen und in grobe Stücke schneiden. Eier trennen und Eiklar mit einer Prise Salz zu Schnee schlagen.

Aus Milch, Dotter und Mehl einen Teig mischen. Eischnee vorsichtig unterheben. Rosinen nach Belieben beimengen.

Butter in einer Pfanne zergehen lassen und die Hälfte der Birnen darin kurz dünsten. Die Hälfte der Teigmasse hinzugeben und bei mittlerer Hitze anbacken. Nach ein paar Minuten wenden und, sobald die zweite Seite Farbe hat, den Teig „zerkratzen" (mit zwei Gabeln oder einem Pfannenwender in unregelmäßige Stücke zerreißen).

Inzwischen im Ofen warm stellen. Mit den restlichen Birnen und der Masse gleich fortfahren. Birnenschmarren anrichten und mit Staubzucker garniert servieren.

KRIOSEKRATZAT
(KIRSCH-SCHMARREN)

Anstatt 3 Birnen werden für dieses Rezept 250 g entsteinte Kirschen verwendet. Ansonsten bleibt die Zubereitung gleich.

TIPP:
FÜR DIE KLASSISCHE KRATZAT-VARIANTE WERDEN WEDER FRÜCHTE NOCH ROSINEN BEIGEMENGT – ER WIRD PURISTISCH GENOSSEN.

ANSTATT 8 EIERN VERWENDET MAN NUR 5 EIER FÜR 4 PERSONEN.

BIORABROT
(BIRNENBROT)

Für 8 kleine Brötle (Brötchen)

FÜR DIE FÜLLE:

400 g	Dörrbirnen
100 g	Dörrpflaumen
180 g	Kranzfeigen
180 g	Rosinen
60 ml	Rum nach Belieben
80 g	Walnüsse
60 g	Haselnüsse
18 g	Gewürzmischung (Zimt, Nelken, Koriander, Piment)

GRUNDTEIG:

1 EL	Zucker
20 g	frische Hefe
170 g	Weizenmehl
130 ml	Birnen-Schnitzwasser (entsteht beim Kochen)
½ TL	Salz

FÜR DIE HÜLLE:

220 ml	Milch
80 g	Butter
60 g	Zucker
1 Prise	Salz
1 Msp.	Vanille
	Abrieb einer unbehandelten Zitrone
30 g	frische Hefe
500 g	Weizenmehl
1	Ei, verquirlt

ZUBEREITUNGSZEIT:
mind. 1 Stunde

SERVIERFERTIG:
2 Stunden

Ein sehr kompliziertes Rezept, aber jede Mühe wert.

Für die Fülle Dörrbirnen kochen und Saft unbedingt nach dem Kochen auffangen. Gekochte Dörrbirnen und Dörrpflaumen sehr klein hacken. Feigen fein schneiden. Rosinen mit Rum übergießen. Nüsse in einer Pfanne ohne Fett rösten und anschließend fein hacken. Gewürzmischung hinzufügen und alles gut miteinander vermengen.

Für den Grundteig Zucker und Hefe mit 2 EL Mehl und 30 ml des aufgefangenen Birnen-Schnitzwassers vermischen und ca. 10–15 Minuten stehen lassen. Restliches Mehl mit Salz vermengen, Hefegemisch beifügen und nach und nach restliches Birnen-Schnitzwasser dazukneten. Nun die Fruchtmasse, sprich die Fülle, einkneten. Das Ganze 30 bis 40 Minuten zugedeckt stehen lassen.

Für die Hülle Milch erwärmen (lauwarm, darf nicht zu heiß sein). Butter, Zucker, Salz und Vanille sowie Zitronenabrieb hineingeben und verrühren. Zuletzt die Hefe hineinbröckeln und so lange rühren, bis sich alles aufgelöst hat. Mehl in eine Schüssel geben, die Flüssigkeit dazugießen und mit den Knethaken der Küchenmaschine oder des Handrührgeräts verkneten. Teig abdecken und an einem warmen Ort gehen lassen, bis sich das Volumen etwa verdoppelt hat. Danach nochmals per Hand durchkneten.

Backofen auf 180 °C Umluft vorheizen. Dann jeweils ca. 40 g des Hüllenteigs portionieren und Teiglinge auf einer bemehlten Arbeitsfläche dünn ausrollen und etwas in die Länge ziehen. 200 g vom Dörrobstteig schön mittig einfüllen und mit dem Teig ummanteln. Birnenbrötchen mit etwas Abstand auf ein mit Backpapier belegtes Blech legen und mit dem verquirlten Ei bestreichen. Mit einer Gabel viele Löcher in die Birnenbrote einstechen, damit die Feuchtigkeit beim Backen entweichen kann (ansonsten reißen die Laibe auf). Birnenbrötchen im vorgeheizten Ofen ca. 1 Stunde backen.

Brote auf einem Rost gut auskühlen lassen und anschließend in ein Butterbrotpapier einwickeln. An einem kühlen Ort, aufbewahrt in Dosen, hält das Birnenbrot ca. 3–4 Wochen. Am besten man friert es portionsweise ein.

SERVIERTIPP:
DICK MIT BUTTER BESTREICHEN.

BUCHWEIZENTURTO MIT HOADLBEERROHM

(BUCHWEIZENTORTE MIT HEIDELBEERRAHM)

Für eine Kuchenform (Ø 18 cm)

FÜR DEN TEIG:

6	Eier
1 Prise	Salz
100 g	Zucker (Birkenzucker)
150 g	Butter (Raumtemperatur) + 1 EL für die Form
100 g	Buchweizenmehl + etwas zum Bestäuben der Form
1 TL	Backpulver
150 g	Mandeln, gerieben

FÜR DIE FÜLLE:

250 g	Heidelbeeren (frisch oder gefroren)
3–4 EL	Zucker (Birkenzucker)
1 Msp.	Vanille
	Abrieb einer halben Zitrone
250 ml	Schlagobers
250 g	Magertopfen
etwas	Staubzucker für die Deko

GLUTENFREI

ZUBEREITUNGSZEIT: 25 Minuten
SERVIERFERTIG: 1 h 10 Minuten

Backofen auf 180 °C Umluft vorheizen. Kuchenform mit Butter einfetten und mit Mehl bestäuben. Eier sauber trennen. Eiklar mit einer Prise Salz und 1/3 des Zuckers zu Eischnee schlagen und zwischenzeitlich auf die Seite geben.

Butter, restlichen Zucker und die Eigelb schaumig rühren. Buchweizenmehl und Backpulver vermengen, geriebene Mandeln hinzugeben und unter die Butter-Dotter-Mischung rühren. Eischnee vorsichtig unterheben.

Teig in die vorbereitete Form geben und im vorgeheizten Ofen auf der mittleren Schiene ca. 45 Minuten backen.

Nach der Backzeit Kuchen auskühlen lassen. Heidelbeeren in einem Topf erhitzen und Zucker, Vanille sowie Zitronenabrieb hinzugeben. Etwas auskühlen lassen. Schlagobers halbfest schlagen und Topfen unterrühren. Nun Heidelbeeren hinzugeben und alles gut vermengen.

Kuchen in der Hälfte auseinanderschneiden. Heidelbeerrahm auf die untere Hälfte geben, Kuchendeckel daraufgeben und Kuchen mit Staubzucker bestäubt servieren.

BUCHTLA
(BUCHTELN)

Für 12 Buchteln

FÜR DEN HEFETEIG:

250 ml	Milch (lauwarm)
60 g	Zucker
20 g	frische Hefe
500 g	glattes Mehl (Type W480)
75 g	weiche Butter
1 Pkg.	Vanillezucker
	Salz
	Abrieb einer ½ unbehandelten Zitrone
1	Ei
	Butter für die Form

FÜR DIE BUCHTELN:

100 g	Butter
150–200 g	Marillenmarmelade
2 EL	Staubzucker

ZUBEREITUNGSZEIT:
20 Minuten plus 1 h Gehzeit

SERVIERFERTIG:
50 Minuten (ohne Gehzeit)

Für den Vorteig (das so genannte „Dampfl") ein Drittel der Milch erwärmen (handwarm, auf keinen Fall zu heiß) und in einer kleinen Schüssel mit 1 TL von den 60 g Zucker mischen. Hefe in die Milch bröckeln und gut verrühren, bis sie sich vollständig aufgelöst hat. So viel Mehl beigeben, dass ein glatter, weicher Teig ohne Klumpen entsteht. Mit etwas Mehl bedecken und zugedeckt an einem warmen Ort ca. 10–15 Minuten gehen lassen bzw. so lange, bis das Dampfl zu steigen beginnt.

Restliche Milch in einem Topf erwärmen, Butter hinzugeben und diese in der Milch schmelzen lassen. Restlichen Zucker, Vanillezucker, Salz sowie Zitronenschale hinzugeben. Nun Ei einrühren.

Restliches Mehl durch ein Sieb sowie auch den Vorteig (Dampfl) hinzugeben und mit einem Knethaken der Küchenmaschine oder mit den Händen zu einem glatten Teig kneten. Zugedeckt ca. 20 Minuten gehen lassen (bis er doppelt so hoch ist).

Eine passende Ofenform/Emailleform (rechteckig oder rund) mit etwas Butter ausstreichen. Butter für die Buchteln ebenfalls schmelzen und in eine Schüssel geben.

Auf einer bemehlten Arbeitsfläche aus dem aufgegangenen Hefeteig eine Rolle formen. Rolle in ca. 15–20 g schwere, gleich große Stücke teilen (ca. 12 Stücke). Aus jedem Teil eine kleine Kugel formen und diese leicht flach drücken. Jeweils 1 TL Marillenmarmelade einfüllen. Dann die Teigränder gleichmäßig hochziehen und oben fest zusammendrücken. Geformte Buchteln in die Butter tauchen oder mit einem Pinsel rundherum mit Butter einstreichen.

Buchteln mit der Naht nach unten in die vorbereitete Form setzen und mit der restlichen Butter übergießen. Buchteln zum dritten Mal an einem warmen Ort gehen lassen. Währenddessen Backofen auf 180 °C Ober-/Unterhitze vorheizen. Form in den Ofen schieben und die Buchteln ca. 25–30 Minuten goldbraun backen. Währenddessen den Backofen nicht öffnen.

Vor dem Servieren mit Staubzucker bestäuben.

TIPP:
BUCHTELN SCHMECKEN HERRLICH MIT VANILLESAUCE.

HOLDERSUPPO
(HOLUNDERSUPPE)

Für 4 Portionen

FÜR DEN TEIG:

700 g	reife, schöne Schwarze Holunderbeeren
1 Liter	Wasser
100–150 g	Zucker
¼ l	Rotwein
1	Zimtstange
2	Nelken
1 Msp.	Bourbon-Vanille
30 g	Maisstärke
½ l	Milch
4 TL	Schlagobers

GLUTENFREI

ZUBEREITUNGSZEIT:
10 Minuten

SERVIERFERTIG:
40 Minuten

Holunderbeeren mit Wasser, Zucker und Rotwein sowie den Gewürzen weichkochen. Stärke und Milch glattrühren und unterrühren.
Erneut eine halbe Stunde leicht kochen lassen. Zimtstange und Nelken aus der Suppe nehmen.

Suppe in Tellern anrichten, mit etwas Schlagobers garniert servieren. Die Suppe kann auch kalt serviert werden.

TIPP:
DIE HOLUNDERSUPPE SCHMECKT SEHR GUT MIT HELLEN BROT-CRÔUTONS (SIEHE REZEPT S. 181), VANILLEEIS ODER SORBET.

IM SOMMER KOCHE ICH DIESE SUPPE MIT MANDELMILCH EIN UND SERVIERE SIE MEINEN GÄSTEN GERNE MIT EINEM TOPFENEIS.

HOADLBEERSUPPO
(HEIDELBEERSUPPE)

Diese Suppe wird genau wie die Holundersuppe zubereitet.
Statt der Holunderbeeren nimmt man ca. 600 g Heidelbeeren.

GRIESSUFLOUF MIT KRIOSE
(GRIESSAUFLAUF MIT KIRSCHEN)

Für eine Ofenform (18 x 28 cm)

ZUTATEN:

300 g	Kirschen (ersatzweise aus dem Glas)
400 ml	Milch
125 ml	Schlagobers
50 g	Butter + 1 EL für die Form
	Abrieb einer ½ unbehandelten Zitronenschale
125 g	Vorarlberger Weizengrieß
4	Eier
1 Prise	Salz
100 g	Zucker + 1–2 EL für die Form
1 geh. EL	Staubzucker + 1–2 EL zum Servieren

ZUBEREITUNGSZEIT:
30 Minuten

SERVIERFERTIG:
1 h 10 Minuten

Kirschen waschen, verlesen, entstielen und entsteinen.

Milch, Schlagobers und Butter mit Zitronenschale in einen Topf geben und aufkochen. Grieß dazurieseln lassen und unter ständigem Rühren 3-4 Minuten bei mittlerer Hitze kochen lassen. Grießmasse in eine Schüssel umfüllen und lauwarm abkühlen lassen, dabei immer wieder mal umrühren.

In der Zwischenzeit Eier trennen. Eiweiß mit Salz und Zucker zu steifem Schnee schlagen. Eigelb mit Staubzucker für ca. 2-3 Minuten hell, schaumig aufschlagen. Eigelbmasse mit dem Grießbrei glatt verrühren, Eischnee vorsichtig mit einem Teigschaber unterheben.

Backofen auf 180 °C Umluft vorheizen. Eine ofenfeste Form mit Butter einstreichen und mit Zucker bestreuen. Ein Drittel der Grießmasse in die Form füllen und ein Drittel der Kirschen darauf verteilen, wieder ein Drittel Grießmasse und Kirschen einfüllen, dann jeweils das übrige Drittel darauf verteilen, dabei mit Kirschen abschließen.

Grießauflauf in den vorgeheizten Ofen geben und ca. 40 Minuten goldbraun backen. Fertigen Auflauf aus dem Ofen nehmen, mit Staubzucker bestäuben und servieren.

TIPP:
VORARLBERGER RIEBELGRIESS VERWENDEN!

KLOSOMÄNNDLE ODR ZOPFBRÖTLE

(NIKOLAUSMÄNNCHEN ODER ZOPFBRÖTCHEN)

4 Klosomänndle oder 4 Zopfbrötle

ZUTATEN:

240 ml	lauwarme Milch
40 g	frische Hefe
620 g	Weizenmehl (Type 700)
100 g	Zucker
1 Prise	Salz
100 g	Butter (Zimmertemperatur)
1	Ei (Zimmer-temperatur)
1	Dotter
	etwas Zitronenschale
1 Msp.	Vanillepulver
1 EL	Rum (nach Belieben)
1	Ei zum Bestreichen
	Rosinen zum Verzieren

ZUBEREITUNGSZEIT:
25–30 Minuten (ohne Gehzeit)

SERVIERFERTIG:
50 Minuten

Milch lauwarm erwärmen und Hefe einrühren. Mehl in eine große Schüssel geben, Zucker, Salz, weiche Butter, Ei und Dotter vermengen. Etwas Zitronenschale, Vanillepulver und Rum nach Belieben hinzugeben. Zum Schluss die Milch-Hefe-Mischung unterrühren.

Das Ganze zu einem glatten, geschmeidigen Teig verkneten. Am besten eignet sich dafür der Knethaken einer Küchenmaschine. Wenn der Teig klebt, einfach etwas mehr Mehl hinzugeben.

Teig an einem warmen Ort mind. 1 Stunde gehen lassen. Backofen auf ca. 180 °C Umluft vorheizen.

Teig erneut durchkneten und in 4 gleich große Portionen teilen. Aus den Teigportionen vier ca. 10 cm lange Rollen formen.

Aus dem oberen Drittel den Kopf formen und aus dem unteren Teil mittels eines Messers die Arme und Beine. Als Augen Rosinen eindrücken und auf den Bauch ebenfalls drei Rosinen geben. Man kann aus dem Teig auch 2 bzw. 4 Zöpfe formen/flechten.

Ei verquirlen und Nikolausmännchen (oder Zöpfe) mit dem verquirlten Ei bestreichen, auf ein mit Backpapier belegtes Blech geben und im vorgeheizten Ofen ca. 25 Minuten goldbraun backen.

KRIOSESTRUDL
(KIRSCHSTRUDEL)

1 Strudel

ZUTATEN:

2	Strudelblätter (ca. 120 g) oder Blätterteig (ca. 270 g)
40 g	Butter
60 g	Semmelbrösel
30 g	Haselnüsse, fein gerieben
2	Eier
20 g	Kristallzucker
50 g	Staubzucker
1 Prise	Zimt
	Abrieb der Schale einer ½ Zitrone
20 g	Mehl
600 g	Kirschen, entsteint (frisch oder aus dem Glas)
etwas	Butter zum Bestreichen
	Staubzucker zum Bestäuben

ZUBEREITUNGSZEIT:
25 Minuten

SERVIERFERTIG:
55–60 Minuten

Strudelblätter oder Blätterteig ca. 5–10 Minuten vor dem Verarbeiten aus dem Kühlschrank nehmen.

Backrohr auf 220 °C Ober-/Unterhitze vorheizen. Butter in einer Pfanne zergehen lassen und Semmelbrösel mit geriebenen Haselnüssen darin anrösten.

Eier mit Kristallzucker aufschlagen. Staubzucker, Zimt und Zitronenschale hinzugeben. Semmelbrösel-Haselnuss-Mischung, Mehl und entsteinte Kirschen unterheben und alles gut vermengen.

Strudelteig oder Blätterteig auf ein mit Backpapier belegtes Backblech legen. Füllung auf den unteren Teil des Teiges geben. Dabei unten, rechts und links einen Rand von ca. 2 cm frei lassen. Teig von unten zu einem Strudel einrollen.

Strudel mit der Nahtseite nach unten auf das Backblech legen, mit zerlassener Butter bestreichen und im vorgeheizten Ofen ca. 30–35 Minuten auf der mittleren Schiene goldbraun backen.

Strudel auskühlen lassen und mit Staubzucker bestäubt servieren.

TIPP:
ICH GEBE GERNE NOCH CA. 120 GRAMM SAUERRAHM DAZU, DAMIT DER KRIOSESTRUDEL ETWAS FEUCHTER WIRD.

NUSSTURTO
(NUSSTORTE)

Für eine Kuchenform (Ø 18 cm)

FÜR DEN TEIG:

etwas	Butter/Fett für die Kuchenform
6	Eier
6 EL	Wasser
2 EL	Rum (nach Belieben)
180 g	Zucker
1 Prise	Salz
150 g	Weizenmehl + ein wenig für die Form
150 g	gemahlene Nüsse (Wal- und/oder Haselnüsse, Mandeln)
1 Prise	Zimt, gemahlen
1 Prise	Nelken, gemahlen
400 ml	Schlagobers

FRÜHLINGS-/ SOMMERVARIANTE:

2 Stangen	Rhabarber (oder Beeren der Saison)
40 g	Zucker
	Saft einer halben Zitrone
250 g	Erdbeeren
1 Pck.	Vanillezucker
500 ml	Schlagobers
	Minze für die Garnitur

HERBST-/WINTERVARIANTE (KLASSISCHE VARIANTE):

200 g	Preiselbeerkompott
1 Pck.	Vanillezucker

ZUBEREITUNGSZEIT:

30 Minuten

SERVIERFERTIG:

1 h 20 Minuten

Backofen auf 180 °C Umluft vorheizen. Eine Kuchenform mit Butter einfetten und mit Mehl ausstäuben. Eier trennen. Dotter, Wasser, Rum und 2/3 der Zuckermenge schaumig rühren. Eiklar mit einer Prise Salz zu Eischnee schlagen und restlichen Zucker nach und nach zum Eischnee hinzugeben.

Mehl, geriebene Nüsse, Zimt und Nelken in einer weiteren Schüssel gut vermengen und anschließend mit der Dottermasse vermischen. Eischnee locker unterheben. Masse in die Form geben und Kuchen im vorgeheizten Ofen auf der mittleren Schiene ca. 45 Minuten backen.

Torte nach der Backzeit aus dem Ofen nehmen und auf einem Kuchengitter vollständig abkühlen lassen. In der Zwischenzeit Schlagobers cremig schlagen. Tortenboden mit einem Messer teilen.

Für die Frühlings- bzw. Sommervariante Rhabarber in Stifte schneiden und mit Zucker und Zitronensaft kurz aufkochen lassen. Erdbeeren vierteln. Rhabarber (oder verschiedene Beeren) sowie Erdbeeren unter das Schlagobers mischen. Die Hälfte der Mischung auf den Tortenboden streichen, zweite Tortenhälfte darauflegen und die andere Schlagobershälfte auf der Torte verteilen. Mit einzelnen Beeren und Minze dekoriert garnieren.

Für die Herbst- bzw. Wintervariante Preiselbeerkompott abseihen und unter das Schlagobers mischen. Die Hälfte des Preiselbeerrahms auf den Tortenboden streichen, die zweite Tortenhälfte darauflegen und die andere Schlagobershälfte auf der Torte verteilen. Man kann die Torte am Rand mit Schlagobers bestreichen und mit Hilfe eines Spritzsacks kleine Schlagobers-Rosetten (keine Früchte/Kompott untergemischt) aufdressieren.

TIPP:

DIE TORTE SCHMECKT SEHR WEIHNACHTLICH UND ERINNERT EIN WENIG AN EINE LINZER TORTE – DESHALB IST DIE HERBST-/WINTERVARIANTE DIE KLASSISCHE VARIANTE. DAMIT DIE TORTE NOCH SAFTIGER WIRD, KANN MAN AUCH ZUSÄTZLICH ETWAS PREISELBEERKOMPOTT AUF EINEN TORTENBODEN STREICHEN.

ICH MACHE DIE TORTE OFT MIT BUCHWEIZENMEHL, DANN IST SIE AUCH GLUTENFREI.

ÖPFOLKÜACHLE

(APFELKÜCHLEIN)

ca. 20 Stück

ZUTATEN:

4	säuerliche Äpfel (ca. 600 g, am besten Boskop)
1–2 EL	Zucker
Etwas	Rum nach Belieben
2	Eier
200 g	Mehl, glatt
1 Prise	Salz
40 g	Butter, zerlassen
ca. 250 ml	helles Bier (oder Mineralwasser)
ca. 750 ml	neutrales Speiseöl
100 g	Zucker
2 TL	gemahlener Zimt

ZUBEREITUNGSZEIT UND SERVIERFERTIG:
25 Minuten

Äpfel waschen, schälen und entkernen, sodass ein ca. 2–3 cm großes Loch entsteht. Äpfel in ca. 1,5 cm dicke Scheiben schneiden und zwischenzeitlich auf die Seite legen.

Apfelscheiben mit etwas Zucker bestreuen und nach Belieben mit Rum bespritzen. Eier trennen und mit etwas Salz zu Eischnee schlagen.

Mehl, Salz und Butter mit Bier oder Mineralwasser in einer Schüssel zu einem glatten Teig verrühren. Dotter hinzugeben und verrühren und anschließend Eischnee unterheben. Falls der Teig noch zu flüssig ist, etwas Mehl hinzugeben oder umgekehrt (wenn zu dickflüssig) noch mehr Bier oder Mineralwasser.

Nach und nach die Apfelscheiben in die Teigmasse tunken. Apfelscheiben sollten rundum mit Teig bedeckt sein.

Öl in einem breiten Topf oder in einer Fritteuse erhitzen. Das Öl ist dann heiß genug, wenn man einen Holzkochlöffel in das Fett hält und sich kleine Bläschen darum bilden.

Schüssel mit Teig in die Nähe des Topfes / der Fritteuse stellen und mit zwei Gabeln die teigumhüllte Apfelscheibe vorsichtig in das Fett legen. Am besten nur so viele Apfelscheiben in den Topf / in die Fritteuse geben, dass die Scheiben beim Backen nicht aneinanderkleben.
Die nun ca. 2 Minuten schwimmend im heißen Fett goldbraun backen.

Apfelscheiben vorsichtig herausholen und auf einem Küchenpapier gut abtropfen lassen. Zucker mit Zimt mischen und Apfelscheiben im heißen Zustand darin wenden. Man kann auch Staubzucker auf die Apfelküchlein geben.

TIPP:
FÜR DIE KINDER-VARIANTE DEN RUM WEGLASSEN UND ANSTATT BIER, MINERALWASSER VERWENDEN. DURCH DAS BIER WERDEN DIE APFELKÜCHLEIN NOCH KNUSPRIGER

OFOKATZ
(OFENKATZE)

Ein Kranz (Rohrboden-Kuchenform Ø 26 cm)

ZUTATEN:

250 g	Vorarlberger Kuchenmehl (Weizenmehl Type 480)
70 g	gemahlene Haselnüsse
12 g	Hefe
	Salz
	Schale einer unbehandelten ½ Zitrone
60 g	Butter
50 g	Kristallzucker
125 ml	lauwarme Milch
etwas	Rum nach Belieben (ca. 20 ml)
2	Eier
300 g	Frischobst, geschält und blättrig/fein geschnitten (je nach Saison: Äpfel, Birnen, Beeren, Kirschen, Pfirsiche oder Marillen) oder ca. 1 Handvoll entsteintes Dörrobst*
2 EL	Rosinen nach Belieben
15 g	Zucker und ½ TL Zimt oder Staubzucker zum Servieren

ZUBEREITUNGSZEIT:
30 Minuten (ohne Gehzeit)

SERVIERFERTIG:
1 Stunde (ohne Gehzeit)

Die für die Ofenkatz verwendete Kuchenform erinnert beim Betrachten des fertigen Gebäcks an eine zusammengerollte Katze.

Mehl in eine Schüssel geben und mit geriebenen Haselnüssen mischen. Eine Mulde in die Mitte drücken und frische Hefe einbröseln. Einen Rand um das Mehl formen, Salz, Zitronenschale und Butter an den Rand, Zucker, Milch und Rum sowie Eier auf die Hefe geben. Das Ganze zu einem geschmeidigen Teig kneten. Der Teig soll elastisch sein und glänzen.

Teig an einem warmen Ort ca. 30 Minuten gehen lassen. Nach der ersten Gehzeit das geschnittene Obst* und Rosinen nach Belieben einarbeiten. Teig erneut ca. 30 Minuten gehen lassen.

Backofen auf 180 °C Umluft vorheizen. Eine Rohrboden-Kuchenform einfetten und mit Mehl ausstäuben. Teig in die Form geben.

Kuchenform in den vorgeheizten Ofen geben und auf der mittleren Schiene ca. 30 Minuten goldbraun backen.

Die Ofenkatz wird klassisch mit einer Kristallzucker-Zimt-Mischung serviert, schmeckt aber auch herrlich mit Staubzucker.

* Wird Dörrobst verwendet, muss dieses in Zuckerwasser kernig weichgekocht werden.

TIPP:
DAZU PASST AUCH SEHR GUT WARME VANILLESAUCE.
DIE OFENKATZ SCHMECKT NOCH BESSER,
WENN SIE AM NÄCHSTEN TAG AUFGEWÄRMT WIRD,
WEIL SIE DANN SCHÖN KNUSPRIG WIRD.

POLSTERZIPFL
(POLSTERZIPF)

Für 6 Portionen

ZUTATEN:

250 g Mehl
125 ml Schlagobers
etwas kalte Milch
80 g Butter
1 Ei
Salz
Maiskeimöl zum Frittieren
Zimt und Zucker und/oder Staubzucker zum Servieren

ZUBEREITUNGSZEIT: 15 Minuten
SERVIERFERTIG: 25 Minuten

Polsterzipfl werden in Vorarlberg auch „Gwahlate Küachle" genannt.

Zutaten vermengen und zu einem nicht zu festen Teig verkneten, bis er Bläschen wirft. Teig messerrückendick ausrollen und in kleine drei-oder viereckige Blättchen schneiden. Öl in einem breiten Topf erhitzen und die Teigblättchen schwimmend im heißen Fett lichtgelb backen.

Vor dem Servieren Zimt und Zucker mischen und Polsterzipfl damit oder mit Staubzucker bestreut servieren.

TIPP:
FETT NICHT ZU HEISS WERDEN LASSEN.

FUNKOKÜACHLE
(FUNKENKÜCHLEIN)

Für 8 Portionen

ZUTATEN:

260 ml Milch, lauwarm
20 g frische Hefe
60 g Zucker
500 g Mehl
eine Prise Salz
2 Eier
60 g flüssige Butter
Zimt und Zucker

ZUBEREITUNGSZEIT:
20 Minuten (ohne 1 h Gehzeit)

SERVIERFERTIG:
30 Minuten

Funkosonntag ist der erste Sonntag nach Aschermittwoch. Der Funken geht auf eine lange Tradition zurück. Er soll den Winter vertreiben und Glück bringen! Am Funkosonntag werden in Vorarlberg Funkoküachle verspeist - deshalb nennt man den traditionellen Sonntag auch „Küachlesonntag".

Etwas Milch erwärmen und Hefe und Zucker darin auflösen. Mehl mit Salz vermengen und eine Mulde in der Mitte formen. Hefe-Milch-Mischung und Eier in die Mitte der Mulde geben und nach und nach mit den Fingern Ei und Hefe-Milch-Mischung unter das Mehl rühren. Am Schluss alles gut verkneten, Butter hinzufügen und einarbeiten. Falls der Teig zu feucht ist, noch mehr Mehl hinzugeben. Teig zu einer Kugel formen und zugedeckt an einem warmen Ort ca. 45 Minuten gehen lassen.

Teig ca. 1 cm dick ausrollen und mit einem runden Ausstecher ca. 10 cm große Küchlein ausstechen. Nochmal zugedeckt ca. 20 Minuten gehen lassen.
Öl in einem großen Topf erhitzen. Küchlein in der Mitte etwas auseinanderziehen und im heißen Fett beidseitig hellbraun herausbacken. Küchlein herausheben, auf Küchenpapier abtropfen lassen und mit Zimt-Zucker-Mischung bestreuen. Man kann die Vertiefung mit Preiselbeermarmelade oder mit warmer Vanillesauce füllen.

RHABARBER-REISUFLOUF

(RHABARBER-REISAUFLAUF)

Für eine Backform (20 x 20 cm)

FÜR DAS RHABARBERKOMPOTT:

500 g	Rhabarber
80 g	Zucker
	Saft einer Zitrone

FÜR DEN TEIG:

1 EL	Butter für die Form
4	Eier
1 Prise	Salz
50 g	Zucker
250 g	Topfen
250 ml	Milch
150 g	Milchreis
etwas	Staubzucker zum Dekorieren

ZUBEREITUNGSZEIT:
25 Minuten

SERVIERFERTIG:
1 Stunde 15 Minuten

Backofen auf 180 °C Umluft (200 °C Ober-/Unterhitze) vorheizen.

Rhabarber waschen, Enden und Spitzen abschneiden, evtl. entfädeln und in ca. 0,3 cm dicke Stücke schneiden. Für das Kompott Rhabarberstücke in einen Kochtopf geben und mit Zucker und Zitronensaft mischen. Das Ganze bei mittlerer Hitze etwa 5–10 Minuten einköcheln lassen. Anschließend etwas auskühlen lassen.

Eine runde oder eckige, ofenfeste Form mit Butter ausfetten. Eier trennen und Eiklar mit einer Prise Salz zu festem Schnee schlagen. Zucker hinzufügen und weiterschlagen. Dotter mit Topfen und Milch mixen. Reis unterrühren. Zum Schluss das Kompott und den Eischnee unterrühren.

Masse in die Ofenform geben und Reisauflauf ca. 1 Stunde im vorgeheizten Ofen backen. Reisauflauf nach etwa 30 Minuten abdecken, sodass die obere Kruste nicht zu dunkel wird. Reisauflauf aus dem Ofen nehmen, portionsweise auf Tellern anrichten und mit Staubzucker bestäubt servieren.

TIPP:
DER REISAUFLAUF SCHMECKT AUCH AM NÄCHSTEN TAG SEHR GUT, ENTWEDER KALT ODER AUFGEWÄRMT ZUM FRÜHSTÜCK.

RÜOBLETURTO
(KAROTTENTORTE)

Für eine Kuchenform (Ø 18 cm)

ZUTATEN:

1 EL	Butter für die Form
400 g	Karotten, gerieben
130 g	Apfel säuerlich, ger.
180 g	Mandeln (mit Schale), grob gehackt
16	kleine entsteinte Datteln
3	große Eier
80 ml	Ahornsirup (oder Honig)
60 ml	Kokosöl (oder Butter)
2 TL	Apfelessig
1 EL	frischer Rosmarin, gehackt
150 g	Mandelmehl
75 g	Buchweizenmehl
2 TL	Backpulver
2 TL	Zimt

FÜR DIE GLASUR:

150 g	Frischkäse
150 g	Topfen
50 g	Naturjoghurt
1 Pkg.	Bourbon-Vanillezucker
	essbare Blüten und Kräuter für die Deko

Die Torte ist eine gesunde Interpretation einer Rüobleturto. Wer es süßer mag, kann mehr Ahornsirup oder Honig dazugeben.

Backofen auf 180 °C Umluft vorheizen. Eine runde Kuchenform einfetten und mit Backpapier auskleiden. Geriebene Karotten und Apfel mit den gehackten Mandeln in einer großen Schüssel mischen. Datteln, Eier, Ahornsirup, Kokosöl und Apfelessig in einem Mixer cremig mixen. Die flüssige Masse zu der Apfel-Karotten-Mischung geben. Gehackten Rosmarin dazugeben und alles verrühren. Mandelmehl, Buchweizenmehl, Backpulver und Zimt miteinander vermischen und unter die restliche Masse mischen. Masse in die Form geben und Kuchen im vorgeheizten Ofen ca. 1 Stunde backen. Kuchen nach Backende aus der Form nehmen und mind. 10 Minuten auskühlen lassen. In der Zwischenzeit für die Glasur Frischkäse, Topfen, Joghurt und Vanillezucker cremig verrühren. Glasur auf den ausgekühlten Kuchen streichen und mit Kräutern (Oregano, Thymian und Rosmarin) sowie essbaren Blüten dekorieren.

GUT ZU WISSEN:
MANDELMEHL IST NICHT GLEICH GERIEBENE MANDELN UND VERHÄLT SICH BEIM BACKEN AUCH ANDERS. MANDELMEHL GIBT ES IN JEDEM REFORMHAUS.

ZUBEREITUNGSZEIT: 25 Minuten
SERVIERFERTIG: 1 Stunde 25 Minuten
GLUTENFREI

DIE KLASSISCHE VARIANTE

ZUTATEN:

1 EL	Butter und Mehl
6	Eier
1 Prise	Salz
300 g	Zucker
	Saft und geriebene Schale einer unbehandelten Zitrone
400 g	Gelbe Rüben
300 g	Mandeln, gerieben
150 g	feingestoßener Zwieback

ZUBEREITUNGSZEIT: 25 Minuten
SERVIERFERTIG: 1 Stunde 25 Min.

Backofen auf 180 °C Umluft vorheizen. Eine Kuchenform mit Butter einfetten und mit Mehl bestäuben. Eier trennen und Eiweiß mit einer Prise Salz zu Eischnee schlagen. Zucker und Eidotter mit der Zitronenschale und dem -saft schaumig rühren. Gelbe Rüben fein reiben und mit den Mandeln unter die Masse ziehen. Abwechselnd Zwieback und Eischnee vorsichtig mit einem Schneebesen unterheben. Masse in die vorbereitete Kuchenform geben und Torte im vorgeheizten Ofen ca. 40–50 Minuten backen.
Torte auskühlen lassen und mit Staubzucker garniert servieren.

TIPP:
WER ES WENIGER SÜSS MAG, KANN AUCH WENIGER ZUCKER ODER Z. B. BIRKENZUCKER VERWENDEN. SCHMECKT AUCH HERRLICH MIT EINER ZUCKERGLASUR AUS STAUBZUCKER UND ZITRONENSAFT. DAFÜR 240 GRAMM STAUBZUCKER MIT 4 EL ZITRONENSAFT UND 1–2 TL HEISSEM WASSER VERMISCHEN UND AUF DEN KUCHEN GIESSEN.

SCHITTORHUFO
(SCHEITERHAUFEN)

Für 4 Personen

ZUTATEN:

1 Liter	Milch
3	Eier
100 g	Zucker
1 Pck.	Vanillezucker
1 Prise	Salz
2 EL	Rum nach Belieben
2 EL	Rosinen
500 g	Äpfel, säuerlich
	Saft einer Zitrone
1 EL	Butter für die Form
etwas	Zimt
6	altbackene Toastbrotscheiben oder 3 Semmeln

ZUBEREITUNGSZEIT:
25 Minuten

SERVIERFERTIG:
1 Stunde 5 Minuten

Milch mit Eier, Zucker, Vanillezucker und einer Prise Salz in einer Schüssel gut verrühren. Nun ein wenig Wasser mit Rum vermengen und die Rosinen darin ca. 10 Minuten einweichen. Währenddessen die Äpfel schälen, das Gehäuse entfernen und ebenfalls feinblättrig schneiden oder hobeln. Mit Zitronensaft beträufeln.

Backofen auf 190 °C (Ober-/Unterhitze) vorheizen und eine Auflaufform mit Butter bepinseln.

Äpfel mit den abgetropften Rosinen vermengen und mit Zimt würzen. Die alten Toastbrotscheiben (auch Semmeln, Milchzopf oder Weißbrot in rund 1 cm dicke Scheiben geschnitten) in die Eiermilch gut eintunken.

Nun abwechselnd Brot und Apfelmasse in die Auflaufform schichten – dabei sollte die letzte Schicht eine Brotschicht sein. Zum Schluss mit der restlichen Eiermilch übergießen, den Scheiterhaufen ca. 40 Minuten lang backen und anschließend etwas abkühlen lassen.

SERVIERTIPPS:

FÜR EINE SCHÖNE SCHNEEHAUBE KANN MAN 3 EIKLAR MIT EINER PRISE SALZ UND 1 ESSLÖFFEL STAUBZUCKER IN EINER SCHÜSSEL SCHAUMIG SCHLAGEN UND 10 MINUTEN VOR ENDE DER BACKZEIT ÜBER DEM SCHEITERHAUFEN VERTEILEN.

NACH DEM BACKEN KANN DER ETWAS ABGEKÜHLTE SCHEITERHAUFEN ZUSÄTZLICH MIT STAUBZUCKER BESTREUT WERDEN.

WENN KINDER MITESSEN, SOLLTE MAN DEN RUM WEGLASSEN.

DAZU PASST AUCH EINE SELBSTGEMACHTE VANILLESAUCE ODER EIN BELIEBIGES FRUCHTKOMPOTT SEHR GUT.

SCHWOZARMUOS
(SCHWAZER MUS)

Für 4 Personen

ZUTATEN:

1 Liter	Wasser oder Milch
200 g	Butter
ca. 300 g	Mehl
1 Prise	Salz
2 EL	Butterschmalz

ZUBEREITUNGSZEIT UND SERVIERFERTIG:
15–20 Minuten

TIPP:
ZU SCHWOZARMUOS SERVIERT MAN MILCH ODER KAFFEE. MAN KANN ES MIT ZUCKER BESTREUEN UND Z. B. MIT HOLDERMUOS (HOLUNDERMUS) GENIESSEN. PIKANT WIRD ES MIT GRÜNEM SALAT SERVIERT.

Dieses Mus stammt aus der Zeit, als die Schwazer Holzfäller aus Schwaz in Tirol in unser Land kamen und dieses Rezept mitbrachten. Das Schwozarmuos bestand in seiner ursprünglichen Form aus Wasser, Mehl, Salz und Schmalz. Den Familien standen damals selten Milch oder Eier zur Verfügung, schon gar nicht Zucker oder Kaffee. Es scheint, dass das Schwozarmuos jeder ein wenig anders zubereitet. In Tirol wird es oft als Mus aus der Pfanne gegessen oder wie Omeletten in der Pfanne beidseitig goldbraun angeröstet.

Wasser oder Milch in einem Topf erhitzen und Butter darin zergehen lassen. Mehl unter ständigem Rühren nach und nach dazugeben, so lange, bis eine klebrige Masse entsteht (evtl. braucht es dafür weniger Mehl). Butterschmalz in einer Pfanne zergehen lassen und Mus auf beiden Seiten braten.

VARIANTE MIT 1 EI UND 8 EL MEHL ABER OHNE BUTTER:

Mehl mit verquirltem Ei, einer Prise Salz und so viel warmer Milch oder heißem Wasser glattrühren, dass ein dünnflüssiger Teig entsteht. In einer Pfanne Butterschmalz erhitzen, Teig eingießen und so lange braten, bis eine Kruste entsteht. Teig halbieren oder vierteln, wenden und wieder goldbraun anrösten.

MILCHMUOS
(MILCHMUS)

Für 4 Personen

ZUTATEN:

1 Liter	Milch
1 Prise	Salz
170 g	Weizenmehl
3 EL	Butter + etwas für die Form
1–2 EL	Zucker nach Belieben

ZUBEREITUNGSZEIT:
15 Minuten
SERVIERFERTIG:
45 Minuten

Backofen auf 180 °C Umluft vorheizen. Milch in einem Topf mit Salz erhitzen und Mehl nach und nach einrühren, bis sich das Ganze langsam eindickt. Butter unterrühren. Milchmus nach Belieben zuckern. Falls der Teig etwas zu dick ist, noch etwas Milch oder Wasser hinzugeben. Teig in eine gebutterte Auflaufform geben und Mus im vorgeheizten Ofen ca. 30 Minuten backen, bis die Oberfläche leicht angebräunt ist. Nach Belieben mit Zucker bestreut servieren.

BRAUTMUOS:

Im „Would“ (Wald/Bregenzerwald) wurde bis 1850 ein besonderes, mit Honig übergossenes Milchmus den Brautleuten aufgetragen und als traditionelles „Brautmus“ gemeinsam aus einer Schüssel verzehrt.

SIG-PARFAIT

Für 4 Portionen

ZUTATEN:

80 ml	Milch
100 g	Sig
2	Eigelb
40 g	Zucker
1 TL	Bourbon-Vanillezucker
25 ml	Siglikör (oder Karamelllikör) + ein wenig für die Deko
250 ml	Schlagobers

ZUBEREITUNGSZEIT:
25–30 Minuten

SERVIERFERTIG:
8 Stunden und 30 Minuten

Sig, ein Molke-Produkt, wird auch gerne die „Wälder" (Bregenzerwälder) Schokolade genannt. Sobald die Molke vom restlichen Eiweiß (Zieger) getrennt ist, besteht sie fast ausschließlich aus Laktose. Wird die Molke weiter eingesotten und karamellisiert, bleibt eine Art Karamell übrig, das „Sig" genannt wird. Im Bregenzerwald wird es gerne auch als Schokoladenersatz zum Naschen verspeist - deshalb der Name: „Wälder Schokolade".

Milch in einem Topf aufkochen und Sig darin unter ständigem Rühren schmelzen und anschließend auskühlen lassen.

Eigelb mit Zucker und Vanillezucker über einem Wasserbad so lange aufschlagen, bis es eine sämige Masse wird. Siglikör dazugeben und das Ganze kalt schlagen.

Den in Milch aufgelösten Sig unter die kalt geschlagene Masse heben. Schlagobers steif schlagen und ebenfalls vorsichtig unterziehen.

Masse in Silikon- oder Keramikformen füllen und im Tiefkühler ca. 8 Stunden frieren. Sigparfait mit Siglikör beträufelt servieren.

Ikochts, Grundrezepte, Husmittele & Getränke

(Eingekochtes, Grundrezepte, Hausmittel & Getränke)

ZWETSCHGORÖSTER
(ZWETSCHGENRÖSTER)

Für 4 Portionen

ZUTATEN:

1 kg	frische, nicht zu reife Zwetschgen
150 g	Zucker
	Saft einer Zitrone
1	Zimtrinde
2 Stk.	Gewürznelken
ca. 100–200 ml	Wasser

GLUTENFREI
ZUBEREITUNGSZEIT UND SERVIERFERTIG: 30 Minuten

Zwetschgen waschen, halbieren und entsteinen. Zucker, Zitronensaft, Zimtrinde und Gewürznelken im Wasser aufkochen. Zwetschgenstücke hinzugeben, Temperatur zurückdrehen und Zwetschkenröster zugedeckt weichdünsten (bis die Zwetschgen zerfallen).

Gewürze entfernen und Röster auskühlen lassen. Je nach Geschmack evtl. noch etwas Zucker oder Zitronensaft hinzugeben und kalt servieren. Oder in sterilisierte Gläser geben, sodass man den Zwetschgenröster auf Vorrat hat und auch noch im Winter genießen kann.

TIPP:
DIE ZWETSCHGEN SOLLEN NOCH BISS HABEN UND NICHT ZU MUS VERKOCHEN

HOLDERMUOS ODR HOADLAMUOS
(HOLUNDER- ODER HEIDELBEERMUS)

Für 4 Portionen

ZUTATEN:

500 g	reife Schwarze Holunderbeeren
200 g	Zucker
	Salz
1	Zimtrinde
etwas	Wasser
1 EL	Butter
1 EL	Kartoffelstärke
etwas	Milch oder Schlagobers

Gereinigte Beeren mit Zucker, Salz, Zimtrinde und etwas Wasser im Topf kochen. Butter erwärmen und Kartoffelstärke darin kurz rösten, mit Milch ablöschen und glattrühren. Nun zu den kochenden Holunderbeeren geben. Kurz köcheln lassen. Der Brei sollte dickflüssig sein.

20 Minuten weiterkochen und eventuell mit etwas Butter verfeinern. Zimtrinde anschließend herausnehmen.

GLUTENFREI
SERVIERFERTIG: 30 Minuten

TANNAWIPFELE-HONIG
(TANNENWIPFEL-HONIG)

Für 4 Portionen

ZUTATEN:

ca. 500 g Tannenspitzen
750 g Birkenzucker (oder weißer Zucker)
Saft einer Zitrone

ZUBEREITUNGSZEIT:
30 Minuten

SERVIERFERTIG:
2–4 Stunden

Tannenwipfelhonig schmeckt nicht nur sehr gut, er ist vor allem bei Husten und Erkältungen ein altbewährtes Hausmittel. Genau genommen ist er gar kein Honig, sondern ein sehr dicker Sirup, der ähnlich wie Ahornsirup oder Rübensirup hergestellt wird. Tannen- und Fichtenspitzen enthalten sehr viele ätherische Öle, Harze sowie Vitamin C. Sie wirken antibakteriell, reinigen die Atemwege von Schleim und helfen gegen Husten und Heiserkeit.

Tannenspitzen mit klarem Wasser waschen, in einen Topf geben und mit kaltem Wasser bedecken. Sie mit einem Teller beschweren und über Nacht an einem kühlen Ort ziehen lassen.

Den Inhalt anschließend ca. 30 Minuten kochen und Topf erneut bedeckt für ca. 6 Stunden stehen lassen.

Sud abseihen, auffangen und mit Birkenzucker sowie Zitronensaft einkochen. Das Einkochen kann mehrere Stunden dauern, auf jeden Fall muss die Masse dickflüssig werden und es sollten Blasen im Topf entstehen, dann ist der Tannenwipfelhonig bereit, in saubere Einmachgläser abgefüllt zu werden.

TIPP:
AM BESTEN SAMMELT MAN DIE SPITZEN ÜBER HÜFTHÖHE UND WÄSCHT SIE VOR DER ZUBEREITUNG. ICH PICKE DIE DUNKLEN NADELN IMMER VORAB RAUS. MAN KANN DEN „HONIG" MIT Z. B. THYMIAN VERFEINERN. DER HONIG HÄLT (WENN MAN HYGIENISCH ARBEITET) BIS ZU 1 ½ JAHRE – KÜHL UND DUNKEL LAGERN.

AUFGEPASST!
UM MAIWIPFEL ZU ERNTEN, GIBT ES NUR EIN KURZES ZEITFENSTER VON WENIGEN WOCHEN, NÄMLICH VON ENDE APRIL BIS ENDE MAI. UM DEN BAUM NICHT ZU SCHÄDIGEN, SOLLTE MAN NUR WENIGE VON EINEM BAUM PFLÜCKEN.

QUITTOMARMELADE
(QUITTENMARMELADE)

Für 4–5 mittelgroße Einmachgläser

ZUTATEN:

1,2 kg	Quitten
2	Zimtstangen
3 Stk.	Gewürznelken
Schale	einer unbehandelten Zitrone
500 g	Gelierzucker

ZUBEREITUNGSZEIT: 25 Minuten
SERVIERFERTIG: 50 Minuten

Wasser zum Kochen bringen. Gelbe, gut abgelagerte Quitten waschen und diese mit der Schale in Spalten schneiden. Quitten mit den Zimtstangen und den Nelken im kochenden Wasser weichkochen.

Zitrone waschen und Schale fein raspeln. Gekochte Quitten durch ein Haarsieb in einen Topf passieren. Gelierzucker und Zitronenschale hinzugeben und Masse ca. 5 Minuten blubbernd aufkochen.

Heiße Marmelade direkt in sterilisierte Gläser füllen.

SÜOSSLARSCHNITZ
(KOMPOTT AUS DÖRRBIRNEN)

Für 4 Portionen

ZUTATEN:

375 g	Trockenobst, gemischt (z. B. Aprikosen, Apfelringe, Birnen)
500 ml	Wasser
250 ml	Weißwein
1	Zimtstange
3	Gewürznelken
1 EL	Mehl
1 EL	Butter
	Rum nach Belieben

SERVIERFERTIG:
ca. 1 Stunde

Ein altes Dornbirner Spottgedicht besagt: „Dorobiorar Süoßlarschnitz gond id Schual und lernand nix, kommond huo mit lutor Vierar, siond halt echte Dorobiorar" (Dornbirner „süße Schnitze" gehen in die Schule und lernen nichts, kommen Heim mit einer Menge Vierer, das sind echte Dornbirner).

Dörrobst bzw. die „Schnitz" zuerst in warmem Wasser waschen. Wasser und Weißwein in einem Topf mit Zimtstange und Gewürznelken zum Kochen bringen. Dörrobst hinzugeben und langsam bei mittlerer Hitze weichkochen. In der Zwischenzeit Mehl mit Butter gelb rösten. Schnitzbrühe (Dörrobstbrühe) abgießen, auffangen und mit dem Mehl verkochen. Obst nun wieder hinzugeben und Kompott abkühlen lassen. Nach Belieben mit Rum abschmecken.

TIPP:
MAN KANN DAS KOMPOTT NATÜRLICH AUCH MIT FRISCHEM OBST MACHEN. DAFÜR KOCHT MAN ZUERST DIE ZIMTSTANGE, NELKEN UND ZUCKER (2 TEILE) IN WASSER (1 TEIL) KURZ VOR (JE NACH BELIEBEN AUCH MIT ETWAS WEISSWEIN), GIBT ETWAS ZITRONENSAFT DAZU UND LÄSST DANN DIE VORBEREITETEN OBSTSCHNITZE (EBENFALLS 375 GRAMM) DARIN GAR ZIEHEN.

BROTWÜRFELE

(BROT-CROÛTONS)

Für z. B. 2 Portionen Suppe

ZUTATEN:

1 Scheibe	Schwarz- oder Weißbrot
1	Knoblauchzehe
1 EL	Butter

ZUBEREITUNGSZEIT UND SERVIERFERTIG:
10 Minuten

Brotscheibe in Würfel schneiden. Knoblauchzehe schälen und eine Pfanne mit der Knoblauchzehe einreiben. Butter in der Pfanne zergehen lassen und Brotwürfel darin rundum knusprig anbraten. Anschließend salzen.

TIPP:
ICH MISCHE GERNE KRÄUTER WIE Z. B. THYMIAN UNTER.

RÖSTZWIEBLA

(RÖSTZWIEBELN)

Für 4 Portionen

ZUTATEN:

4	Zwiebeln
8 EL	Mehl
2 TL	Paprikapulver
1 Prise	Salz
ca. 200 g	Butterschmalz zum Frittieren

ZUBEREITUNGSZEIT UND SERVIERFERTIG:
20 Minuten

Für die Röstzwiebeln Zwiebeln schälen, halbieren und in sehr feine Streifen schneiden oder fein hobeln. Mehl, Paprikapulver und Salz vermischen und Zwiebeln darin schwenken.

Reichlich Butterschmalz in einem Topf erhitzen und Zwiebelringe darin goldbraun frittieren und auf einem Küchenpapier abtropfen lassen.

HOLDERBLÜOTASIRUP
(HOLUNDERBLÜTENSIRUP)

Für 2,5 Liter Sirup

ZUTATEN:

30	Holunderblütendolden
1	unbehandelte Zitrone
200 ml	Zitronensaft oder 15 g Zitronensäure
1 kg	Kristall- oder Birkenzucker
1 Liter	Wasser

ZUBEREITUNGSZEIT:
30 Minuten

GENUSSFERTIG:
nach 3 Tagen

Nach dem Sammeln Holunderblütendolden von größeren Verunreinigungen befreien. Zitrone heiß waschen und in Scheiben schneiden.

Holunderblüten, Zitronenscheiben, Zitronensaft und Zucker in einen Topf geben und so lange rühren, bis am Boden kein Zuckersatz mehr liegt. Den Topf an einen kühlen Ort stellen und pro Tag ein- bis zweimal erneut umrühren – mind. 3 Tage lang.

Sobald sich am Boden kein Zucker mehr absetzt, ist der Sirup fertig.

Sirup in einen neuen Topf abgießen und einmal kurz aufkochen lassen. Anschließend Sirup durch ein grobes Sieb gießen, um Dolden und Zitronenscheiben abzuseihen. Dann durch ein feines Tuch wie z. B. Mulltuch filtern und in kleine, gut gereinigte Flaschen füllen.

TIPP:
MAN KANN DEN SIRUP MIT MINZZWEIGEN UND MELISSE VERFEINERN. HOLUNDERBLÜTENSIRUP WIRD GERN MIT WASSER ODER SODA AUFGEGOSSEN.

MOST-HUGO

Für 1 Glas

ZUTATEN:

1	Limetten- oder Zitronenspalte
3–4	Eiswürfel
20 ml	Holunderblütensirup frische Minze
160 ml	Apfelmost
1 Schuss	Soda zum Auffüllen

Limette in Spalten schneiden und eine Spalte über das Sekt- oder Rotweinglas halten, kurz andrücken, so dass einige Spritzer ins Glas tropfen. Eine Limettenscheibe ins Glas geben oder an den Glasrand stecken.

Eiswürfel in ein Glas geben und Holunderblütensirup sowie ein paar Minzblätter hinzugeben. Das Ganze mit Apfelmost und Sodawasser auffüllen.

ZUBEREITUNGSZEIT UND SERVIERFERTIG: 10 Minuten

DANKSAGUNG

Ich habe es richtig genossen, dieses Buch zu schreiben, auch wenn ich anfangs etwas skeptisch war, da ich nicht unbedingt die klassische bzw. traditionelle Köchin bin. Aber die Rückkehr nach Dornbirn nach 17 Jahren und meine große Ländle-Liebe haben mich schließlich von dem Projekt überzeugt. Ich hatte sehr viel Freude dabei. Durch die vielen Gespräche und die Recherche habe ich Neues und Unerwartetes übers Ländle erfahren. Dafür bin ich dankbar, das macht mich stolz auf meine Heimat und meine Vorarlberger Wurzeln.

Danke an meine Eltern, Elisabeth und Eduard Fischer, dass sie von Anfang an voll hinter diesem Projekt gestanden sind und mich in der Realisierung bestärkt haben. Mama, ich kann dir nicht genug danken für deine unermüdliche Unterstützung. Vor allem für die aufwändige Recherche zum Thema Vorarlberg, dein tolles Kochbuch-Intro und die Texte. Danke, dass ich immer auf dich zählen kann.

VIELEN HERZLICHEN DANK AN:

meine liebe Freundin **Maria Krobath**, die dieses Buch zu einer Augenweide gemacht hat. Du bist eine hervorragende Grafik-Designerin und ich freue mich sehr, dass du dieses Buch gestaltet hast. Es ist wunderschön geworden!

meine Freunde vom **Berghof Fetz** – dem wunderbaren Hotel und Restaurant am Bödele. Sie haben für mich für das ursprüngliche Cover die herrlichen Käsknöpfle zubereitet. Schlussendlich haben wir uns dann doch für die Schupfnudla entschieden.

Sabrina Lawson von Mount74 in Zürs! Vielen Dank, dass du für die Moodbilder im Kochbuch dein tolles Chalet zur Verfügung gestellt hast.

die **Mostschenke Möcklebur** für die großartige Unterstützung!

alle meine talentierten und tollen Kochassistentinnen! – Ohne euch hätte ich die Umsetzung nicht so flott geschafft: **Daniela Kalb, Paula Köß, Anna Hecht und Miriam Brandstetter.** Danke Daniela, dass du mit so viel Geduld und Leidenschaft so viele Rezepte testgekocht hast. Danke **Susanne Ölz** für deine herrlichen Wurstnudeln, Bachene Müs und Polsterzipfl.

Dora Fink vom Café Lässer in Schnepfau. Danke für deine Anekdoten, das Recherchematerial und vor allem für die großartigen Buchteln und Apfelküchle.

Hanno Platzgummer für deinen wertvollen Input, für den Text zu „Vorarlbergerisch", deine Zeit und und für das Korrekturlesen der Dialekt-Begriffe.

meine **Familie**, meine engsten **Freunde** und meinen **Freund Darren**. Die Menschen, mit denen ich am liebsten am Tisch sitze und gutes Essen zelebriere.

An Guata und körig blieba,

Eva

INHALT

LITERATUR/QUELLENVERZEICHNIS

Aus Großmutters Küche II, Rita Hämmerle, Eigenverlag Rita Hämmerle, 2002.
Das Kochbuch aus Vorarlberg, gesammelt aufgeschrieben und ausprobiert von Peter Rüf, Wolfgang Hölker, Münster, 1983.
Das Vorarlberg-Kochbuch. Lesenswertes und Erlesenes vom Arlberg bis zum Bodensee, Lisbeth Bischoff, Hubert Krenn VerlagsgesmbH, 2008.
Meine Küche. Eine Auswahl von 1111 Rezepten für den bürgerlichen und vegetarischen Tisch von Fanny Amann, Amann Verlag, Bregenz, 6. Auflage, 1951.
Traditionelle Küche, VORARLBERG, Die besten Hausrezepte der Region, Hubert Krenn VerlagsgesmbH 2012.
Vorarlberger Bäuerinnen Kochen. Einfach gute Rezepte von Regina Schwärzler und Rosa Beer, Edition Löwenzahn, 1994.
Vorarlberg kompakt, Alois Niederstätter, 2. Ausgabe.
Notizen für Touristen, G. L. Schindler, 1875.

IMPRESSUM

Nachhaltige Produktion ist uns ein Anliegen; wir möchten die Belastung unserer Mitwelt so gering wie möglich halten. Über unsere Druckereien garantieren wir ein hohes Maß an Umweltverträglichkeit:
Wir lassen ausschließlich auf FSC®-Papieren aus verantwortungsvollen Quellen drucken, verwenden Farben auf Pflanzenölbasis und Klebestoffe ohne Lösungsmittel. Wir produzieren in Österreich und im nahen europäischen Ausland, auf Produktionen in Fernost verzichten wir ganz.

3. aktualisierte Auflage 2023
© 2021 Verlagsanstalt Tyrolia, Innsbruck
Umschlaggestaltung: Maria Krobath/MAKRO Design unter Verwendung eines Bildes von Eva Fischer
Layout und digitale Gestaltung: Maria Krobath/MAKRO Design
Einführung zu Vorarlberg: Lisa Fischer
Text zu Vorarlberger Mundart sowie sämtliche Übersetzungen im Buch in den Vorarlberger Dialekt: Hanno Platzgummer
Food Fotos & Styling sowie Landschaftsfotografie: Eva Fischer
Portraitfoto S. 11 und S. 190: Wolfgang Hirt
Druck und Bindung: Florjancic, Maribor
ISBN: 978-3-7022-3981-7
E-Mail: buchverlag@tyrolia.at
Internet: www.tyrolia-verlag.at

EVA FISCHER, geboren 1986 in Dornbirn, ist schon seit vielen Jahren leidenschaftliche Köchin, Fotografin und Food Stylistin. Nach der Schulzeit studierte die Vorarlbergerin Gesundheitsmanagement. Sie ist außerdem ausgebildeter Ernährungsvorsorge-Coach. 2014 gewann sie den AMA Food Blog Award in der Kategorie Newcomer und den 2. Platz für Bestes Design beim Food Blog Award Deutschland. Seit 2015 ist sie als Bloggerin, Food Fotografin & Food Stylistin, Köchin und Kochbuchautorin selbstständig.

's Bescht usom Ländle